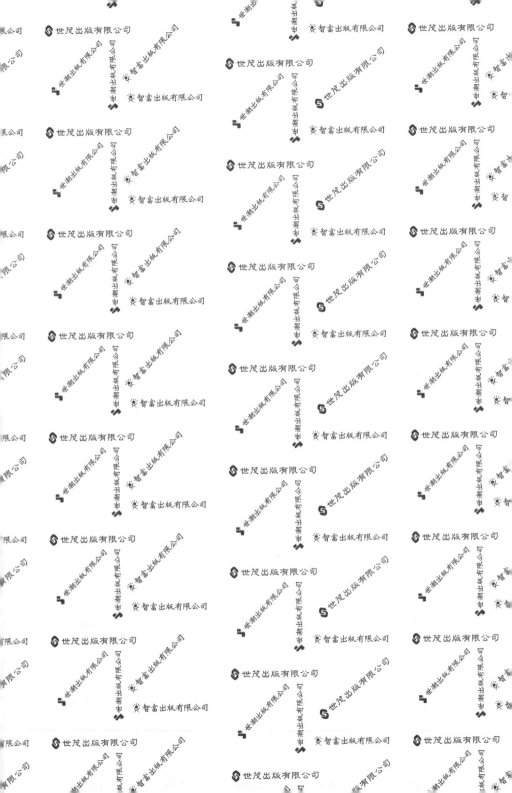

你受的傷大腦都知道

子どもの脳を傷つける親たち

哈佛研究虐待、忽略與情緒勒索對腦部發展的影響

哈佛大學研究團隊腦科學家
友田明美 著
張萍 譯

目錄

第二章 不當管教對大腦的傷害與影響……63

第三章 相信孩子的復原力……99

第四章　健全發育所不可或缺的依附關係……145

序章

腦部受損，阻礙健全發展

心理與大腦的密切關係

如果有人問：「『心』在哪裡？」各位讀者會如何回答？日文在形容心理受創時，會說「『胸口』很痛」，然後用手去摸索大約是『心』存在的位置，表現出「想要把手放在『胸口』」的樣子。

英文heart可翻譯成「心理」或「心臟」，或許是因為如此，大家都理所當然認為「心」就位於「胸口」位置。的確，感到不安或恐懼時，往往會覺得心臟被緊緊地揪住。

然而，從科學角度來看，「心其實位在『大腦』」。心臟之所以會怦怦跳、胃部之所以會感到疼痛，都是因為大腦下指令分泌荷爾蒙，因此對心臟或胃部等器官產生影響。

說得更誇張一點，除了我們每一天喜怒哀樂的情緒，對於事物的見解與想法，對周遭人士或在社會上的應對進退，遭逢意外事件或困難時的因應方法等，支配著每一瞬間思考與行動的，其實是「腦」。

心理受傷後的大腦狀態

各位讀者知道嗎？大腦會因為嚴重的壓力而導致「物理性」的傷害。

本人擔任近三十年的兒童精神科醫師，持續針對兒童發展進行臨床研究。多年的研究發現，成人們的不當行為會使兒童的大腦變形。

人類的大腦在出生時僅有三百克，隨著時間經過逐漸成長，才能學會生存所需的所有事物。在發展的過程中，有一些非常重要的時期會讓大腦特別容易受到外界影響，就是胎兒時期、嬰幼兒時期，以及青春期。在這些人生的初始階段，大腦能夠健全發展，最重要的是有父母或養育者在身邊，並且讓孩子得到適當的照顧以及愛。

相反的，如果在這段時期感受到龐大的壓力，孩子敏感纖細的大腦就會為了適應痛苦，而自動開始變形。這可以說是一種為了延續生命而出現的防衛反應。

這是相當悲哀的事實。

這樣的結果會影響大腦機能、損害孩子正常發展，造成一輩子的影響。

例如，衝動、變得容易生氣，因而容易對周遭人們出現暴力以及偏差行為，或因為對於喜悅或成就感的感受力較為薄弱，想要尋求更刺激、更強烈的快樂，而容易依賴酒精或藥物。

人們如果在童年時代得到疼愛、稱讚的經驗較少，通常難以發揮自我肯定以及獨立自主的功能，往往容易陷入憂鬱狀態，或反覆出現自殘行為。

有些個案的症狀是從童年時期開始就陸陸續續地出現，但是也有不少情形是會在經歷這些痛苦後，隨著時間經過才突然出現一些症狀。有些人會在長大成人、開始工作時發病，或在組成自己的新家庭時發病，不僅是當事人本身，也會讓身邊的人們陷入痛苦深淵。那種痛苦是在童年時期處於安心、安全場所下生活的人們絕對無法體會的痛苦。

虐童統計數字增速太快

根據二〇一五年度日本厚生勞働省所發表的福利行政案例報告書，全日本兒童諮詢所統計，進行「虐待兒童相關諮詢」的件數，近十幾年間持續增加，與一九九九年虐待兒童防治法案（虐待兒童防治等相關法律）尚未實施前

序章圖-1 日本「虐待兒童相關諮詢」件數與變化

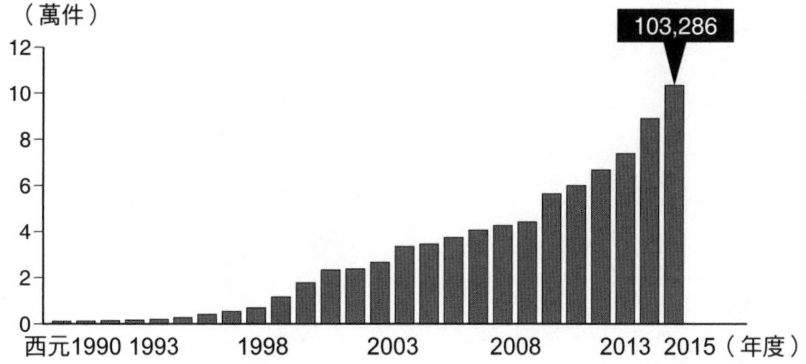

參考資料：日本厚生勞働省*官方網站
*相當於我國行政院衛服部

（一萬一千六百三十一件）比較起來，約增加八・九倍，與前一年度的十萬三千二百八十六件相比則增加十六・一％（比前一年度增加一萬四千三百五十五件），可以說是史上案件數最多的時期（序章圖-1）。

但實際上兒童虐待的件數可能更多，然而隨著兒童諮詢所全日本諮詢專線（一八九）的推廣以及媒體報導虐待兒童相關事件，漸漸提升了國民對於這個問題的關心度。

依受虐者的年齡檢視，發現小學生最多，佔整體比例的三十四・七％，三歲開始到學齡前為二十三・十％，〇～未滿三

序章圖-2　兒童諮詢所接受「虐待兒童相關諮詢」之類型比例分佈

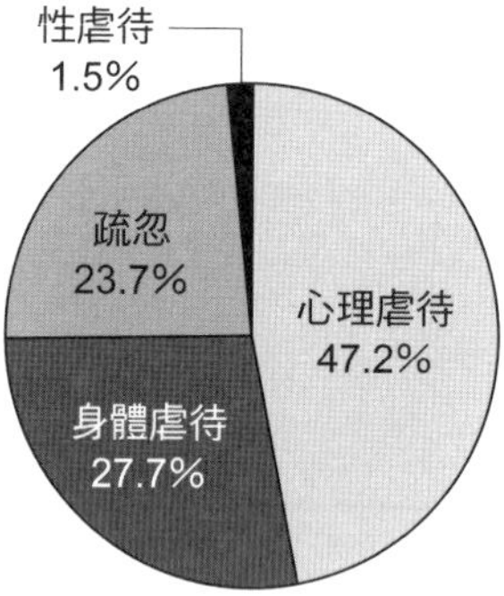

參考資料：日本厚生勞働省官方網頁 2015年度（初步報告數值）

歲則佔十九・七%。

在諮詢種類方面，最多的是「心理虐待」，其次則是「身體虐待」（序章圖-2）。

乍聽「虐待」一詞，腦海中往往會浮現媒體報導的事件，恐怕許多人還會認為跟自己一點關係都沒有。然而，如同我們一開始所講述的概念，存在於日常生活中的「不當對待」也會對兒童的大腦造成影響。

「虐待」這兩個字所帶有的指控非常強烈，使用時也容易失去其原意。在我們的研究當中，由強者（成人）對弱者的不當行為（兒童），並不稱為「虐待」而是稱為「不當管教（maltreatment）」。

後續我們還會再繼續談論這個部分。總之，除了言語威脅、恐嚇、辱罵，或忽視、置之不理等行為外，就連在孩子面前不斷上演激烈的夫妻吵架，也可視為一種「不當管教」。

每天在與孩子接觸的過程中，完全沒有「不當管教」的家庭，幾乎不存在。然而，當「不當管教」的強度與頻率增加，確實會傷害孩子幼小的心靈，甚至可能導致成長中的大腦變形，這些問題不容成人忽視。

一直以來，學習欲望低落、行為偏差、憂鬱症、飲食障礙、感覺統合失調等心理疾病，往往被視為天生的問題。然而，隨著腦科學研究日益進步，闡明了童年時期所受到的不當管教，會對大腦產生不良影響，結果就會出現這些症狀，或使得這些症狀更加惡化。

研究發現，一些難以適應社會的青少年或成人，其成長背景往往曾在童年時期遭受過不當管教。

虐待兒童所造成的社會成本

諾貝爾經濟學獎得主，美國芝加哥大學詹姆斯・約瑟夫・赫克曼（James

Joseph Heckman）教授曾經研究過，政府經費運用在生命週期中哪一個時期的成本效益較高。

因應各個不同成長階段，政府會在學齡前教育、學齡教育、就業支援等，提出不同的經費規劃。但是，如果能夠在〇～三歲的嬰幼兒期給予更多心理的照顧，針對容易形成「不當管教」的家庭提供育兒協助、早期教育等，比起等到長大成人後才去處理嚴重後遺症狀，成本效益較高。

日本花園大學和田一郎副教授，亦曾針對虐待兒童造成的社會成本進行調查。根據他在二〇一四年刊載於國際期刊《兒童福利服務期刊》（Children and Youth Services Review）中的論文內容，從孩子因受到虐待而死亡、受傷生病、學業能力降低等導致的生產性損失、離婚、犯罪、生活照護項目中，計算相關社會福利費用、醫療費用等政府經費，發現一年約需支出一兆六百十億日圓（根據二〇一二年統計數據試算）。

世界各國都有進行相關社會成本分析，但由於日本方面缺乏長期觀察兒童以及家庭的基礎數據，也沒有兒童因受到虐待所衍生出的醫療費用等資料庫，因此和田副教授所調查的預估金額恐怕會比實際金額來得更低。

然而，令人驚訝的事實是，竟然會有一兆六百一十億日圓的稅金，用在這些與虐待兒童相關的事物上。

從旁觀角度去思考這整件事情，孩子健全的心理成長絕對不單純只是有孩子的家庭自己要去面對的問題，應是整體社會要共同保護的課題。

運用腦科學保障孩子成長

接下來是有點私人的話題，我們家有兩個女兒。

回顧我自己的育兒方式，有時候我會捫心自問，自己究竟是不是一位好媽媽呢……

實在無法有自信地說出「是的」。

育兒與工作兼顧的狀態。說起來容易，但是要能夠實踐實在是非常困難。等到她們倆都已經平安長大成人後，才發現孩子的存在其實是我最強力的支撐。

然而，回想起當時的情況，每天都在考驗著身為人母的我。

眼前的孩子為什麼會這樣哭，怎麼都不聽我講話呢？有時完全搞不清楚她們為什麼要這樣發脾氣，搞得我心煩不已。

如果要給她們吃安眠藥，要吃哪一種呢？雖然是開玩笑的，但是我還真的有閃過一兩次這樣的念頭。父母應該在任何時候都無條件地愛著孩子、原諒孩子……這種理想狀態每天都至少在心中瓦解一次。

另一方面，由於身為教授與醫師，親臨醫療現場，我每天都會看到滿身傷痕的孩子。他們遭受父母或親近的成人暴力相向，造成頭蓋骨破裂，被香菸燙傷，舊傷尚未痊癒，又出現了新的毆打痕跡。有些孩子送來時已經沒有呼吸心跳，完全沒有治療的機會。

不論基於任何理由，這些威脅兒童性命的行為，絕對都是不被允許的。然而，在面對眾多加害人父母之後，我發現，同樣為人父母的我，不禁想著「如果我也走錯一步，恐怕也會對我的孩子動手」。

想要改變這種成人危害孩子的大環境，有哪些必要的作為呢？這樣的想法開啟了我的研究契機。

接著，不知不覺之中，我便把兒童發展相關研究：兒童神經學、腦科學研究等，當成我個人終身研究的志趣。

從腦科學角度來看，兒童心理發展相關研究可以說才剛開始萌芽。當然，世界上有很多無法由科學獨力解決的事情。然而，既然已有可從科學方面解釋的見解，我相信就可以藉此降低對兒童的不當管教行為。

世界上沒有完美的大人。兒童也是在不斷跌倒受挫、失敗中長大的。然而，成長過程中絕對不需要「會讓大腦變形的傷害」。

本書以科學的觀點，分析不當管教與兒童大腦發展的關聯性，期望藉此告訴各位讀者及早因應的重要性。

第一章中會告訴各位讀者，哪些行為屬於不當管教，以及明顯的虐待行為，也會提及日常生活中會被判定為不當管教的行為。

第二章將會從科學角度分析，不當管教如何影響孩子的大腦。通常大腦受損傷的情形往往讓人感到驚訝。然而，請務必勇敢地繼續閱讀下去。此外，這裡也會頻繁地出現一些或許各位讀者未曾聽聞的醫學用語以及與大腦相關名詞等。這裡想要傳達給各位讀者的內容，將有助於了解「大腦與成長發展的關係」。

第三章要告訴大家的是，孩子的大腦具有驚人的韌性與復原力，並且具體詳述治癒心理創傷的治療方法。本章最後將介紹一些不當管教個案的背景、內外表現出的心理疾病症狀以及治療方法等。想要知道具體個案的讀者，也可以先從這個部分開始閱讀。

本書的重點放在第四章。在這個章節，我們會談論到如何形成或重新培育孩子健全發展所必要的依附關係。

第三章和第四章，在章節的最後會分享幾個「依附障礙症」相關個案。

最後一章要告訴大家，除了協助孩子之外，還必須給予父母支援，以及整體社會如何去思考不當管教問題的必要性。

我衷心希望可以拯救因不當管教而受到傷害的人們，避免徒增更多因不當管教而受到傷害的孩子，也基於以這樣的心情，寫下了本書。

第一章

日常生活中的不當管教

心理發展障礙

我所任職的日本福井大學醫學院附設醫院，設有一個專門以嬰幼兒至十八歲兒童為對象的「兒童心理治療科」。

我在此擔任兒童精神科醫師，與許多醫護人員一起針對「心理發展」相關問題的兒童進行診斷、治療以及協助。這種專門的醫療機構在日本國內算是非常少見，因此全日本各地的孩子及家人都會前來看診。

聽到「心理發展障礙」一般人腦中通常會浮現自閉症（autism spectrum disorders, ASD）或ＡＤＨＤ（注意力不足過動症）等疾病。但這些疾病與孩子生養的環境無關，主要是先天因素造成發病。

然而，孩子的發展問題並不只是由於天生，有不少個案是由後天因素引發症狀。所謂後天，係指出生後的環境，也就是所謂的「家庭」（養育環境）。可能是因為這些原本應是站在保護、養育、疼愛孩子立場的父母（養育者）或孩子身邊的人持續以不當的應對方式，傷害孩子心理，妨礙其身體成長或心理發展。

例如，前幾天有一個嬰兒來前來看診。

A寶寶目前九個月大。送到診間時，表情呆滯、對任何事物都沒有顯露出興趣。呼喚他名字時，視線也不對焦。九個月大，正是會對周遭事物顯得非常有興趣、好奇心旺盛的時期，也理應是喜怒哀樂非常明顯的時期，一般會稍微遇到一點事情就開心不已，或因為認生而突然大哭。然而，A寶寶的狀況卻是不論如何呼喚他、用玩具吸引他注意，也都不與任何人四目相接。

此外，他原本可以坐得非常好，卻突然變得不會坐。這是一種退化現象，即所謂的「嬰兒退化」。在各個領域的醫療人員都介入A寶寶的診斷後，每個人都懷疑他是自閉症。

的確，這樣的症狀即使判定為自閉症也不足為奇。然而，我打聽其家庭環境後得知A寶寶的母親因為憂鬱症，而必須往來醫院接受診治，看診的時間會由外婆來照顧A寶寶。

於是我與當地護理師、兒童諮詢所人員以及社工等人合作，調查更詳細的狀況後發現，患有更年期障礙的外婆會對女兒及外孫怒斥、威脅、破口大罵等，判定應是平常就會不斷出現激烈的言語暴力。兩人雖然沒有遭受到身體的暴力行為，但是卻承受著言語暴力。

妨礙心理發展的不當言行

A寶寶外婆所表現出的過度言語暴力也算是一種虐待（abuse）。根據日本虐待兒童防止法第二條，將虐待定義成四種，在此簡要說明如下：

①身體虐待（physical abuse）
②性虐待（sexual abuse）
③疏忽（neglect）
④心理虐待（emotional abuse）

就「虐待」一詞來看，我們最先會聯想到的就是①「身體虐待」，以及②「性虐待」吧！

近來經常從報紙新聞等媒體接觸到③「疏忽」的機會變多，但是應還是有很多人不太習慣這個名詞。通常會被翻譯成「放棄育兒」，例如沒有適時給予孩子餐點、不幫忙換尿布或不照顧如廁、長期放置於家中或車內等。

像A寶寶這種處於言語暴力的狀態下，被視為是一種言語威脅，則屬於④「心理虐待」。即使沒有直接對孩子造成威脅，但是讓孩子看到夫妻之間的家庭暴力行為（Domestic Violence）等，亦屬於心理虐待。之後會再詳細敘述，家庭暴力不限於身體暴力，亦包含言語暴力（劇烈爭吵或威脅等言語）。

讓孩子身體上出現顯著傷痕、威脅性命的虐待行為等，通常會成為社會案件而躍上電視新聞或報紙媒體。然而，所謂的虐待並不僅於此。

虐待經常會化身成為「管教的一環」而被融入生活當中，成為一種習慣性的存在。

這些情況乍看之下，並不是那種會讓人覺得殘忍的虐待，而是一種寂靜式的、不明顯的虐待。然而，持續下去依然會傷害孩子、阻礙其心理發展。

不當管教的思維模式

一九六十年代，美國科羅拉多大學小兒科醫師兼專任教授坎普（Henry Kempe一九二二～一九八四）將「虐待」這個概念從醫學角度來解釋。其所撰寫的論文「受虐兒童症候群（The Battered Child Syndrome）」大幅提升了大眾對於身體面虐待的關心度。之後，女性主義運動高漲，大家也開始注意性虐待問題。

到了一九八十年代，更進一步從生態學的觀點來看虐待兒童問題，「不當管教（Child maltreatment）」的適用範圍變得更大。

不當管教的英文Maltreatment是在treatment（處理）加上前綴語mal（不好、惡劣）所形成的複合詞。

雖然「不當管教」幾乎與「虐待」是同義詞，但是「不當管教」隱含著「管教行為會阻礙孩子心理與身體的成長、發展」之意。意味著成人對孩子進行的所有不當行為、概念範圍更廣。

不論成人是否有加害的意圖，或孩子身上是否有看得見的明顯傷痕、本身是否罹患精神疾病等，只要成人們的行為不當，即視為「不當管教」。

我希望「不當管教」一詞能被廣泛認知。大家對於「虐待」這個詞有一種先入為主的偏頗印象，往往認為「自己或家人不可能會出現這種問題」。

實際上，常有父母明明對孩子進行了一些非常不適當的行為，自己卻覺得這些行為「不一定等同虐待」，很可能因而不小心就放縱了這些行為。

例如，大人們毫無理由就毆打孩子，雖然很明確就是一種虐待行為，但是基於「施暴者有掌握分寸，應就不構成虐待」、「為了矯正孩子的行為，所以不得不打」、「如果只有一次，應可以原諒吧」等理由，還是有不少以暴力對待孩子的個案。

我們應當注意的並非這些不當行為的強弱之分，而是當時孩子的心理狀態。父母每天都在努力養育孩子、為孩子著想，但是這之中卻依然會有「不當管教」的情形發生。所謂的家庭，也就是在一間密室裡的親子關係，第三者往往不容易客觀地下定論。

在醫療現場傾聽父母的談話時，發現多多少少都混雜著為了明哲保身以及替自己辯護的內容，但也並非都是因為憎恨自己的孩子，才會出現這些行為。直接將行為貼上「虐待」的標籤、強烈否定父母的人格，同時也會剝奪了他們重新教育孩子的機會。這樣的方式對於親子之間的未來並不恰當。

我個人覺得「虐待」一詞無法涵蓋所有的案例。目前國內外的研究與診斷，基本上都是以「不當管教」概念進行相關處理，故本書也決定使用「不當管教」一詞。

根據日本政府統計，依狀況不同，「不當管教」有時也適用「虐待」一詞。此外，在處理不當管教問題時，經常會用到「父母」一詞，然而有些時候問題其實是出在代替真實父母的養育者身上，或在教育現場等會與孩子接觸的、身邊的其他成人。

在此希望各位讀者不要誤解，雖然可以用「不當管教」替代「虐待」一詞，但是並不能夠因此輕忽父母的不當行為。

我也要再三強調，不論行為輕重，不論是否是為了孩子好才做出的行為，不論是否有意要傷害孩子，所有會傷害孩子的行為都算是「不當管教」。而且如果真的做出了不當管教，我們這些成人都必須要認清並且試圖改變這些行為。

不論各位讀者讀者自己有無孩子，請務必利用這次的機會好好了解一下「不當管教」的概念，一起好好思考如何將傷害孩子的行為轉變為保護孩子的行為。

不當管教發生在每位父母身上

對所有的父母來說，育兒這件事情幾乎都是初體驗，必須在不斷地試行錯誤（Try & Error）下學習對待孩子的方式以及如何表達愛意。然而，不論在育兒時如何小心注意，恐怕沒有一對父母完全沒有過不當管教的經驗。

我先來自首一下，我也曾對我的兩位女兒做出好幾次不恰當的行為。因為對孩子有著過度的期待（幾乎所有父母都會這樣說）、在孩子出現過分的行為時，父母往往就會對孩子施以高度的壓力。

我一直忘不了一件事情，就是有一次我突然伸手打了女兒。那天我剛結束醫院的工作，與當時是小學生的兩個女兒一起回家，大女兒不小心把公寓大門的鑰匙掉到馬路旁的水溝內。

那是一個寒冷的冬天夜晚，工作一天我整個人已經筋疲力盡。水溝很深，上方又有鐵格柵蓋子，根本撿不到掉落的鑰匙。我發現鑰匙掉落的瞬間，大叫：「妳在幹嘛！」同時打了女兒的頭。雖然我覺得並沒有打得很用力（幾乎所有父母都會這樣說），但是事實上我非常驚訝自己竟然會衝動出手打女兒。

還有一次是小女兒險些發生危險。我記得當時她才兩歲，休假日我突然被緊急找回醫院。女兒當時正在睡午覺，平常都會沉睡一、兩個小時。我想在這段時間衝到醫院、解決事情再返家，應該沒有問題。

於是我悄悄地離開家，兩個小時左右剛好把事情解決後返回。沒想到在門外聽到女兒的哭聲。我慌張地進入房子，發現女兒彷彿像是著了火般地瘋狂大哭。後來，附近鄰居告訴我：「一直聽到哭聲，很讓人擔心呢！」讓我有一種痛徹心扉的感覺。怎麼我前腳才剛踏出門，孩子立刻就醒了呢？聽說她連續哭了兩個小時。如果，當時她為了尋找我而跑出門，很可能還會遭遇到意外或事故。每當我回想起當時小女兒哭泣的臉，都會覺得很心疼。

這完全就是一種疏忽的狀態。

孩子醒過來發現只有自己一個人，會非常害怕，對孩子來說肯定是一個具有衝擊性的經驗。

如果這件事發生在追查虐待兒童非常嚴格的美國，我恐怕早已被逮捕了。

從這個話題開始談論，我覺得很汗顏，其實我還有很多其他事情沒講出來。然而，重點是我承認這些行為是錯誤的，我也願意去思考如何改善對待孩子的方式，並且修正自己的行為。如果沒有察覺自己不適當的行為，或者即使發現了卻不去改善、重蹈覆轍，仍舊會在孩子內心留下深刻的傷害，進而妨礙孩子的健全發展。

寫到目前為止，或許有人會覺得「從前有一次我那樣對待孩子，搞不好也算是不當管教」。過去的行為雖然已經無法抹滅，但是親子關係卻是可以從現在開始修復的。因此，我們必須先了解哪些行為屬於不適當的管教，並不再重複做出這些會傷害孩子的言行舉止。這才是重點。

接下來我會用「不當管教」的特徵來分類，並且詳細說明，供讀者參考。

身體的不當管教——體罰算是「管教」嗎？

不當管教中，最直接，明顯的，就是對身體的暴力行為。例如：毆打、腳踹、扔擲物品、用物品敲打、使其燒燙傷、使其溺水等，許多還會發展成為意外事故等令人痛心的個案，最慘烈的狀態是這些沒有犯錯的孩子因此而死亡。

如果孩子的身體留下遭到毆打的傷痕、骨折、燒燙傷等外傷，即使孩子沒有向外人訴說，也可能會被第三方察覺。然而，還有不少孩子是在衣服底下、看不見的地方受到暴力對待。

此外，抓頭髮、把臉部強壓到裝滿水的臉盆或浴缸等行為，由於不會留下外傷，被發現的時間點往往會大幅延遲。

人類從很久以前就有體罰的習慣。父母或老師等人對孩子施以教育的一環，即是伴隨著肉體痛苦的處罰。如果忘了帶作業去學校就要去走廊罰站，在教室喧嘩吵鬧就會被罰跪，這些處罰在我的童年時代根本是家常便飯，如果學生有一些特別偏差的行為表現，被敲頭或打屁股也毫不稀奇。

體罰的理論基礎是「讓身體去記得好事與壞事的區別」。假設是根據這個理論才進行體罰，目的即是為了矯正孩子的行為，而非加害於孩子。

然而，在挨大人打這件事情上，對孩子而言，就像我們這些大人被職業摔角選手痛毆一般。即使大人們下手時有所分寸，孩子還是會覺得很恐懼、擔心「搞不好自己會被殺掉」，就算在身體面沒有留下傷痕，恐懼的情緒還是會殘留在孩子的心底。

美國方面為了防止虐待兒童，採取了一些因應措施，並於一九七四年公布《兒童虐待防治法》（The Child Abuse prevention and Treatment Act），包含性虐待在內，將虐待行為分為四種。之後，再由各州自行制定防治虐待相關法律。目前許多州都把以「管教」之名而對兒童過度體罰、施以暴力等行為視為「暴力」，並以虐待行為進行通報。

根據相關法律，站在保護兒童立場的保姆、學校教師、兒童福利相關機構職員等專業人員若在職務上發現有虐待嫌疑之情況，有立即通報之義務。

美國有些州並未禁止管教上的體罰，但是積極宣傳「No-Spank Challenge（不用打屁股的方式管教孩子）」，建議各個家庭應當修正管教時所採取的方法。

近年來，日本在體罰這件事上，大多數人持反對意見，體罰的行為也有減少的趨勢。然而，事實上仍有另一部份的人們強烈表示此舉「具有教育上的效果」。

二〇一二年，大阪市內某高中籃球隊主將因不堪受到教練頻繁體罰而自殺的事件，在社會上掀起軒然大波。

二〇一七年五月，仙台市也發生某國中生因不堪體罰而自殺的事件。男性教師發現學生打瞌睡而用拳頭毆打學生的後腦勺，女性教師為了制止學生聊天而以膠帶封住學生的嘴巴。

教導孩子的確不是一件簡單的事情。而且還不一定能夠永遠如預期一樣，能夠導正孩子的行為。

如果孩子反抗、頂嘴，大人往往會變得更生氣，甚至想動手打孩子。然而，這些行為真的能夠傳遞到孩子內心嗎？

「體罰就是虐待嗎？」這個問題會因為思想或文化而有所差異，無法輕易判定是非黑白，然而有鑑於過度體罰導致兒童喪失性命的事件一直無法絕跡，我認為體罰即是不當管教，應想辦法使其消失。

包含體罰在內，仰賴暴力行為的人往往有將個人行為「合理化」的傾向。對自己、對身邊的人都用「這是用來矯正孩子行為的正當管教」當藉口，並且深信不疑。

每個人或多或少都會在日常生活中的各個場景想辦法合理化這些事情，有些父母雖因為體罰造成孩子重大傷害，卻仍堅持「這是一種管教」。

二〇一〇年，京都府宮津市發生一名母親與同居人共同對六歲長女施暴後置之不理，導致女兒陷入昏迷的事件。事件的體罰理由在於孩子吃飯太慢、沒有遵守「家庭規定」。

京都地方法院於隔年宣判母親需入監服刑五年六個月，同居人需入監服刑七年。

這些事件或許是一個過度極端的案例。然而，經由兒童諮詢所介紹、帶來我身邊的孩子很多都是受到「以管教之名的體罰」。試著進行談話後發現，父母往往只是想要努力矯正孩子的行為舉止，因而無法冷靜地面對自己的行為。

體罰是帶有汙辱性質的「心理」暴力

關於體罰，還有一點不能忽視，那就是「身體的不當管教」同時也是對「心理的不當管教」。

人類都會記得自己曾經遭受過比自己體格龐大者施暴的恐懼感。此外，即使沒有受傷，也會因為在他人面前被打或處於無法回手的狀況下，因而覺得受辱。

在回顧自己遭受體罰的經驗時，有不少人都會說：「我無法接受自己明明沒做錯什麼事，卻要被打」。

或者，有些人會覺得「好丟臉，我真是差勁」。比起身體的疼痛，深深殘留在心底的卻是被這種蠻橫無理的行為強迫至服從的「屈辱」、「恥辱」感。因此，我們可說體罰「百害而無一利」。

這些對身體不當管教所造成的影響還會在第二章中詳細敘述。然而，希望各位讀者不要忘記這些「不當管教」不僅會影響身體，也會強烈殘存於大腦，影響心理發展。

性方面的不當管教——難以啟齒的侵害

「性虐待」，乍聽之下大多數人都會聯想到身體的觸碰，或強迫進行性行為等。然而，性方面的不當管教範圍不僅於此。亦包含讓孩子觀看色情圖片、拍攝裸體照片等未直接接觸身體等行為。此外，強迫孩子觀看自己的性行為等，亦被視為是會傷害孩子的不當管教。

加害人除了父母親、養父母外，也可能是臨時託付的親戚朋友等與孩子親近的成人。

由於性虐待大多是在隱私的環境下偷偷地進行，因此被害情形往往難以浮出檯面。一般認為如果是在家裡發生，應會比較容易發現，但是實際上家人通常不會注意到，甚至裝作沒發現。

例如，妻子發現先生對女兒有性方面的不當管教，由於擔心自己會受到家暴，所以只能隱忍不說。或者，有些人根本不常在家，對孩子漠不關心，所以根本沒發現。

性方面不當管教的特徵大多是長時間、不斷反覆，開始受害的年齡通常都很小，根本不知道自己正在遭受虐待。

某位前來看診的女孩從小就被父親強迫進行性行為，所以不覺得自己有什麼問題。但在進入小學後，與身邊的同學聊天，才終於發現自己與父親的關係不對勁。她因而感到衝擊、困惑、羞恥。然而，即使在知道事實後，仍因無法拒絕父親的要求而陷入絕望與恐懼。孩子在肉體上、精神上所受到的巨大傷害，無可估計。

這種個案，由於被害人與加害人的關係非常親密，因此難以查明事實。即使孩子想要公開真相、想向人傾訴，也苦於找不到對象。如果有出現懷孕、感染性病、外傷等身體的傷痕還比較容易發現，但如果是留存在孩子內心的傷，則很難有被第三方發現的機會。

通常，孩子會考量加害人是親人，擔心受到更進一步的傷害，因此不願將事實公諸於世。即使能夠撥雲見日，也會因為大人們在意周遭與世俗眼光的反應而感到困惑，覺得「會被傷害都是因為自己不好」、「自己是沒有價值的人」。然後，孩子會變得越來越沉默寡言，即使罹患性病也還是想要隱瞞受害的事實。

此外，會遇害的不僅是女孩，男孩也可能遭遇到這類事情。目前大眾對於男孩可能也會成為性方面不當管教對象的認知程度還很低，因此相較於女孩，對於男孩的安全、預防措施非常不完善。很多個案是即使受到傷害，證詞往往也不被身邊大人所採信，因此實情通常會比女孩更難以浮出檯面。

本書執筆之際，正好遇到日本於二〇一七年六月修正刑法，加重嚴懲性犯罪的時間點。這是自明治四十年（一九〇七年）制定性犯罪相關刑法以來，睽違一百多年的修正案。從前強姦罪的被害人對象僅限於女性，此次終於將男性納入被害人範疇。然而，實在是太遲了。

此外，修正法中特別加重對兒童的「性虐待」罰責。新增藉由父母親等監護人之影響力，乘機對未滿十八歲之兒童進行性方面之虐待，可依「監護人乘機性交等罪」、「監護人乘機猥褻罪」起訴，即使被害人不提告亦會成為刑處對象。

雖然樂見法律上的修正，但是僅此於此仍無法保護孩子。受到性侵害的孩子們，往往會在心理發展上造成相當大的障礙。研究結果報告指出，特別是在長大成人後，容易引發憂鬱症、解離性障礙（遭逢痛苦意外或強大壓力後，因心理無法承擔而喪失意識或記憶）等症狀。我們絕對不想讓孩子置身於這般險境。

父母與孩子的界限

關於與孩子之間在性方面的分界，究竟怎樣的言行會稱作不當管教，其實有其判定困難之處。

例如，剛從浴室出來的父親，裸體在家走來走去，算是對孩子的不當管教嗎？還是一種溫馨的家庭風景？全家人一起觀看含有性方面描述的電視節目或電影恰當嗎？可以將青春期孩子的身體變化當作茶餘飯後的話題嗎？可以和孩子一起洗澡到幾歲呢？

話說回來，美國方面將親子一起洗澡視為性虐待。這個部分會因為文化上的差異，以及隨著時代變遷、孩子年齡的增長而有分際上的不同。然而，重點是父母不能強灌自己的想法給孩子，必須尊重孩子心理與身體的發展。

例如，如果孩子換衣服時不喜歡被看到，父母就應當要理解孩子的感受，並且採取接納的態度。

疏忽——威脅著孩子的健康與安全

本書開頭時也有稍微提及，「疏忽」亦稱為「放棄育兒」，意指未進行必要之照顧，而將孩子置之不理。其中包含不提供餐點、不讓孩子洗澡、不讓孩子換衣服等，無法滿足孩子每日健康成長的身體需求，稱為「身體的疏忽」。

二〇一〇年，大阪市發生一位單親媽媽將三歲與一歲九個月的嬰幼兒單獨放置在公寓內，與情人雙宿雙飛。由於家裡經常沒有人，最後導致兩名嬰幼兒被餓死的悲痛事件。此外，還有父母將嬰兒單獨放置在汽車內，兩個人跑去打小鋼珠，最後導致嬰兒熱衰竭死亡等事件，皆成為社會問題。

這種攸關性命的疏忽個案或許不常見，然而，孩子視力僅有〇．一，父母卻沒有帶孩子去配眼鏡，或是沒有讓孩子接受預防接種、孩子生病了卻不帶去醫院等事件卻經常發生。

如前所述，我本身也曾有過將午睡中的二歲孩子放在家中、自己出門工作的經驗。

幸好沒有發生什麼大事，但是那也屬於「疏忽」。

美國許多州都有規定，不得將未達一定年齡（主要是小學以下）的孩子單獨留置在家中，否則即視為疏忽而必須受到法律制裁，或者可視狀況予以逮捕。我的童年時代，雙薪家庭的孩子幾乎都會從父母手中拿到鑰匙，放學後就一個人看家，或自己跑出去玩，這些都是在美國無法想像的事情。

近來的日本，許多家庭即使孩子已經上了小學，也不會讓孩子一個人在附近遊玩，或叫孩子出門跑腿買東西，大人們也都會接送孩子到各個才藝班上下課。為了讓孩子能夠安全地遊戲，公園等處也出現了可以方便大人們從旁看顧的位置區域。

「放任主義」一詞，原本是指給予孩子自由、寬容的教育理念，但是在飽受安全威脅的現代社會中，我們也不得不承認「放任＝疏忽」。要能夠妥善拿捏分際實在是非常地困難，也絕對沒有單一的標準答案。

然而，在孩子本身尚未有力量確保環境安全無虞之前，大人們絕對有責任要保護他們。

可促進大腦正常發展的皮膚接觸

其他常見的疏忽狀況，還有像是持續無視於孩子哭泣、完全不給予任何皮膚接觸、不聽孩子說話等。

有些父母雖然有發現寶寶在哭，但是卻專注於遊戲而不予回應、明知道孩子回家了，卻只忙於回覆電子郵件或ＬＩＮＥ等通訊軟體，連頭也不抬，甚至即使孩子說話也裝作沒聽見。或者，平時雖有粗略給予照顧，但是當這種溝通不足的狀態長期持續，也算是一種疏忽。

特別是皮膚接觸的部分，在孩子的心理發展方面扮演著非常重要的角色，如果太少與孩子接觸，在某種意義下，也可以被視為一種心理的疏忽。

與二〇年、三〇年前比較起來，現在具有正職工作的媽媽們更多了。她們常得急急忙忙地從工作崗位離開，再趕去幼稚園或安親班接孩子，回家後又要立刻準備晚餐。

忙碌的父母們一邊吃飯還要一邊操持家務，當孩子們去浴室洗澡後，他們開始洗碗盤。等孩子們睡著，他們才能準備隔天的事情。許多人每天應都是在如此短暫的時間內設法安排、努力奮鬥著。孩子看到父母這般忙碌的身影，也會有必須獨立自主的自覺，並且加深對父母親的尊重。

然而，對孩子而言，欠缺的是和父母撒嬌的時間。與父母眼神相望、感受父母溫暖的皮膚和笑容——這對孩子而言比任何事情都重要。

家事與工作、回覆電子郵件或許可以留待明天再做。但是，孩子成長的瞬間卻是每一天都在變化，不會再重來。

即使時間短暫，也請想辦法挪出一段可以與孩子溝通的時間。這是我身為一名正在育兒的母親，同時也是兒童精神科醫師特別想要強調的部分。因為從科學角度來看，這種皮膚接觸的溝通方式會對孩子的心理與大腦發展帶來相當大的影響。

預防「依附障礙」

近來經常聽到「依附障礙」一詞。

「依附」的概念，用英語來表達即是 attachment（連接），係指「孩子與具有特定母性的人物（當然，也可以是父親）之間所形成的強力連結」。也就是用來形成親子（或養育者與孩子）關係主幹的東西。

孩子會用身體去記憶環抱著父母手臂、與父母眼神交會、互相報以微笑的安全感與信賴感。健全地培育出這種「依附」感後，孩子才能隨著成長慢慢接觸外面的世界。有了被父母疼愛的自信與安全心感，就能讓心理健全地成長。

即使遇到困難，也能夠回到安全的地方。身邊隨時都有可以讓我感到安心的人——這種「內心」的穩定，能夠進一步培育出孩子的社會性。

所謂依附障礙（反應性依附障礙症 Reactive Attachment Disorder）係指當安全受到威脅時，沒有辦法躲回任何一個地方、無法讓內心恢復平穩的狀態。也就是因為父母虐待孩子、疏忽等不當管教或不斷更換養育者等，沒有為孩子準備一個安全的地方、無法獲得安全感的狀態。

我們的研究發現有依附障礙的孩子，除了心理狀態不穩定之外，也會阻礙部分腦神經的正常發展，這個部分在第二章中還會再詳細敘述。

這些孩子會出現各種問題，例如：即使長大成人也無法締結健全的人際關係、對於成就感的喜悅程度較低、無法提起動力或念頭等。因此為了保護孩子的未來，在幼童期建立緊密的親子關係是非常重要的事情。

不要輕忽牽手、擁抱的意義。即使孩子可以安靜穩定地看電視，或好像很開心地在玩智慧型手機、平板電腦，也請不要置之不理。

近來，有很多家庭將這些3C產品當作嬰兒的益智玩具，稱為「智慧型手機托嬰」。許多人表示當孩子專注於3C產品時，父母可以稍微放鬆一下身心、喘口氣。

藉由這些方便的工具，讓育兒工作得以輕鬆一些點，是父母們求之不得的。然而，任何事情都要適可而止。既然藉此多了一些自己的時間，也應在與孩子相處時多一些皮膚接觸等的溝通。

避免「智慧型手機托嬰」造成疏忽

日本內閣府於二〇一七年五月，在「低年齡層孩子的網路使用環境實際狀況調查報告」中發表了「兒童使用上網工具狀況」之結果。

根據調查，二歲兒童有三七・四％、三歲兒童有四七・五％、九歲兒童竟然有八九・九％會使用智慧型手機或平板電腦等可以連接網路的工具。目前兒童們使用這些上網工具的平均時間為每日六〇・九分鐘。

應是受到智慧型手機的影響，聽說日本近來增加許多自己一個人就可以玩得很開心、「容易養育」的孩子。請各位讀者回想一下自己的育兒情形，並且重新檢視在皮膚接觸等方面的溝通是否足夠。

如果覺得親子之間少了溫暖的微笑、出聲談話的機會，就請特意製造更多的溝通時間，試著用身體對孩子傳遞訊息：「我可以成為你的安全基地！」

不習慣皮膚接觸的孩子，剛開始或許會表現出很討厭、想逃離的樣子，可以用稍微帶有遊戲的感覺把孩子放在大腿上、試著搔搔孩子癢，必需有意識地創造這種可以互相接觸的時間。可以養成習慣，在睡覺之前回想今天與孩子接觸過幾次、用怎樣的語氣說話。

這些事情並不只限母親，父親也應一起實行，父母與孩子共同擁有家庭這個場所以及時間，彼此卻不好好地面對面，只以自己的生活或欲望為優先考量，這樣的行為也算是一種疏忽。

何謂心理的不當管教

與疏忽並列，並且容易遭到忽視的，是心理、精神上的不當管教。

根據日本警察廳生活安全局少年課的調查，二〇一六年，在通報「兒童諮詢所」的五萬四千二百二十七名受虐兒童當中，「心理虐待」報告件數有三萬七千一百八三件，占整體的六十八．六％，比起身體虐待的一萬一千一百六十五件（二〇．六％）比例更高（「二〇一六年少年偏差行為、兒童受虐及兒童在性方面受虐等狀況」，發表於二〇一七年三月）。

例如，某位從兒童諮詢所轉介到本人門診的女孩根本不知道自己有一個可愛的名字，因為父母總是叫她「垃圾」。這樣下去，大腦絕對無法健全發展。

所謂心理的不當管教就是像這種從外在給予心理傷害、侵害心靈的行為。通常會藉由「言語」的方式，例如：利用「笨蛋」、「廢物」等輕蔑、差別待遇的言語不斷地威脅、怒罵，英文稱為「verbal abuse（言語暴力）」。

經常會聽到像是「我要是沒生你就好了」、「要是沒有你，我就不用結婚，也不用那麼辛苦」、「真是什麼都做不好，乾脆去死好了」等否定孩子存在的言詞。

先不論這些算不算粗口，還是會經常聽到父母將這些言語脫口而出。

除此之外，過度比較手足之間的狀況，也會傷害孩子。例如拿哥哥的成績當榜樣，彰顯出弟弟的差勁；或是在親戚面前完全無視於姐姐的存在，一味地稱讚妹妹等。雖然這些會有狀況與程度上的差異，但是都屬於一種不當管教。

再者，即使不是針對自己的言詞，也可能會間接傷害到孩子的心靈。聽到母親惡意中傷父親（或角色對調）、祖父母對父母口出惡言時，孩子不僅會因為最愛的母親（或父親）受到輕視而感到悲傷，也會對親子關係一事感到悲觀、覺得自己也受到否定。

否定孩子人格的言詞不算「管教」

先前我們曾在體罰內容方面描述過「管教」與「不當管教」是不同的。

所謂管教，是指矯正孩子的行為、讓孩子學會生存所必要的技能或禮節。

當孩子把物品丟向他人，告訴孩子道理「這樣做會讓對方受傷，所以不可以」是一種管教。但是，如果對孩子說出「竟然對別人丟東西，你是人渣嗎」、「你真差勁」之類的話，就絕對不算是管教。

我們應該打擊犯罪，而非打擊個人。

需要矯正的是行為本身，而不是正處於成長階段的孩子天性。如果否定孩子的人格，孩子絕對學不會「不能對別人丟東西」的教訓。相反的，孩子只會強烈接收到「我是個糟糕的人」的感受，而降低自我肯定感，演變成做任何事情都沒有自信、只會看人臉色、經常說出用來應付當下狀況的謊話或胡說八道。

對孩子而言，父母的評價是絕對的。讀者在童年時期也曾有過如此感受吧。直到孩子長大成人、了解社會脈絡後，往往比較能夠冷靜地接受「大人也會犯錯。不會永遠正確」。然而不論到幾歲，孩子都還是會很在乎父母這些言行舉止。通常孩子的年紀越小，就越是在意。

對年幼的孩子來說，被父母否定，就等於是被全世界否定。就算孩子當場看起來沒有任何反應、裝作沒聽到的樣子，孩子肯定聽進去了，而且心理、身體都會受到衝擊、傷害。

父母這邊的狀況，卻是因為沒有從孩子身上得到期望的回應，所以漸漸失去冷靜。因為看不到孩子的變化，進而使用更惡毒的言語。

有些家庭會在不知不覺中習慣使用話中帶刺的說話方式。然而，這些傷人的言語就像一顆一顆的毒瘤，會在感受性較強的孩子腦中不斷地累積，造成類似受到重擊（body blow）後的內傷。

在一天天的生活中習慣成自然後，當事人往往無法察覺。請回想一下自己對孩子的教育方式，檢視自己平時對孩子所使用的言詞、口氣。

或許近來有點太嚴厲了——如果有這種感覺，就從今天開始修正吧！請務必將反省的心情轉化成「言語」傳遞給孩子。

孩子們在「原諒」這件事情上，都是天才。

獲得父母的認同，孩子才能正常成長

在育兒這條路上，經常會看到父母否定孩子努力的場景。當孩子努力時，父母原本應要褒獎、鼓勵孩子努力的態度，沒想到卻求好心切，反而說出：「你應可以做得更好」、「為什麼連這點事情都做不到」之類的話，往往因此讓孩子受傷。這也是我自己在回顧育兒言行時，經常會反省的一個重點。

前陣子，小女兒跟我說了一件事。

「小時候媽媽不是經常會要我在大家面前練習心算嗎？當時因為算不好，而被大家笑，讓我覺得非常不舒服」。

即使已經過了十年以上，這些痛苦的回憶好像還是深深地烙印在她的心底。現在回想起來，在她小的時候，的確有一陣子在努力克服自己很不拿手的心算。當時，我的育兒方針之一是「要讓孩子變得堅強、抗壓」。所以的確一直要求她在大家面前練習。她只要算錯，我就會苦笑著碎碎念，然後不好意思地和大家說「真傷腦筋啊！」我其實已經忘記這些事情了，她卻一直忘不了。

在眾人面前能夠臉不紅氣不喘地發揮實力，是非常了不起的事情。然而，這並不是生而為人最重要的事情。我到現在才明白，不應咄咄逼人到傷害孩子的自尊。

父母有教育孩子的義務，但是沒有必要為了孩子的未來，拼了命地刺激孩子。缺乏冷靜的教育或管教方式，到頭來只會傷害孩子，並且限縮孩子成長的「可能性」。這個部分佐以我本身的慘痛經驗，希望可以在此強力地傳達給正處於育兒階段的讀者們參考。

對孩子而言，獲得父母認同這件事情將會成為人生重要的基礎。我們這些成人必須重新理解這個事實。

當孩子目睹家暴現場

有很多「心理的不當管教」是對孩子使用強烈的言詞威脅，或顯露出否定的態度。近年來又增加一種，不是直接對孩子脫口而出的言詞問題，而是類似讓孩子看到父母之間家暴現場的行為（目擊家暴現場），這也會對孩子心靈與大腦發展產生不良的影響，我們必須了解這些都屬於心理的不當管教。

日本虐待兒童防止法於二〇〇四年修正後，第二條虐待兒童的定義內容中包含「在與兒童共同居住的家庭內，以暴力方式對配偶（配偶包含未提出結婚申請書，但具有類似實質婚姻關係者）之身體施以不法攻擊，使其生命或身體造成危害、有礙身心影響之言行舉止）」。

先前我們引用了日本警察廳的調查，從二〇一六年所公告的「心理虐待」內文即可發現目擊家暴現場的件數佔了整體的四十六．一％，比起過去增加了不少。

所謂家庭暴力，即是前述的「Domestic Violence」，特別是指夫妻、情人之間在精神上、肉體上所受到的痛苦或暴力。

根據日本內閣府性別平等局所公告之「遭受配偶暴力之被害人協助資訊」，統計二〇一五年度（二〇一五年四月～二〇一六年三月）因遭受配偶暴力而前往婦女諮詢所或社會福利事務所等全國二百六十二個「配偶暴力諮詢協助中心」之諮詢件數約為十一萬一千六百件（二〇一六年九月一六日發表）。與二〇一〇年度之相同調查結果（七萬七千三百三十四件）比較後發現，增加了四十四％。前來諮詢者幾乎都是女性，二〇一〇年度為七萬六千六百一十三件、二〇一五年度則為一〇萬九千六百二十九件。另一方面，來自男性方面的諮詢約占整體的一～二%。

由於女性方面的諮詢件數呈現壓倒性地多，所以在此先舉個女性方面的案例。我們經常會從被害人口中聽到施暴者的說詞：「雖然我是個很糟糕的老公，但是對孩子來說卻是一位很好的爸爸」。

然而，這句話本身有很大的問題。因為即使沒有直接受到暴力或言語暴力的傷害，讓孩子看到、聽到的當下，孩子即成為被害人。

就算是對孩子再如何溫柔的父親，由於忽視、破壞孩子的情感，絕對稱不上是個好父親。

因為孩子沒有直接受到傷害，所以過去不太會提及這些狀況與孩子發展的關連性，然而，直接目擊父母之間的家暴現場，確實會對孩子的心靈與大腦產生非常大的壓力。假設不是直接在眼前發生，孩子也能夠敏感察覺到家裡發生了一些事情。很多時候是會覺得自己沒有能力保護好自己的家，而帶有罪惡感。

再者，有些案例是孩子會因為只有自己沒有受到傷害而懷抱著罪惡感，覺得自己也是加害方的一員。出現罪惡感或心理創傷（心靈的內傷：心理的外傷）後，就會進一步侵害孩子的心靈與大腦。

演講或看診過程中，我經常會在有機會談論到目擊家暴現場對孩子的影響時，建議夫妻改用電子郵件或ＬＩＮＥ吵架。這絕對不是玩笑話。只要談話的內容可能會有火花產生，就不該在會讓孩子看到或聽到的場所進行。

請務必將這個規則導入家中。

此外，東京大學碩士班醫學系研究科Ｋｉｔａ幸子等人，曾以三十八名遭受家暴的母親三十八名、五十一名兒童為對象，調查與加害人（父親）隔離後，母親與孩子的健康狀態。結果發現「處於家暴家庭孩子的情緒與行為發展，會因為與家暴加害人（父親）見面有所交流而產生影響」。

與父親見面會對孩子健康帶來不良影響、出現內向退縮情形（例如，一直躲起來、身體出現不安／憂鬱症狀）的比例會比完全不與父親見面的孩子增加十二・六倍。研究的家暴加害人設定為父親，但是可以推測假設家暴加害人為母親時，也會出現一樣的狀況。

根據上述結論，必須慎重判斷是否要讓孩子與家暴加害人——父親（或母親）見面。關於孩子的養育問題，目前日本政府也已經展開各種動作，我們必須考量孩子的健康與安全，及早介入、儘快整頓好養育的環境。

言語型家暴最傷大腦

目擊家暴現場所產生的心理創傷，究竟會對孩子的大腦產生怎樣的影響呢？

本人與美國哈佛大學進行共同研究的結果發現從童年時代即在目擊家暴現場下長大的人，其大腦枕葉「視覺皮質（visual cortex）」之中有個與辨認單字、做夢等相關的「枕葉舌回（lingual gyrus）」體積與正常的大腦相比平均縮小了約六％。

檢視這樣的萎縮率後發現，目擊身體家暴時約為三％、受到言語家暴方面則小於二〇％，顯示實際上會有相差六～七倍的影響。也就是說，比起目擊身體暴力，聽聞怒罵、威脅等言語暴力時，對大腦的傷害較大。

目前已有其他調查闡明目擊家暴現場所造成的嚴重影響。詳細內容我們會在第二章中敘述，哈佛大學合作醫院之一、美國麻薩諸塞州麥克萊恩醫院（McLean Hospital）的馬汀．泰闕（Martin H.Teicher）博士在研究調查身體虐待、精神虐待與心理創傷反應相關內容後發現，造成心理創傷反應最嚴重的組合是「目擊家暴現場與受到暴力言語的虐待」。

外表看不出來的大腦傷害

即使受到心理的不當管教，反正不會留下外傷、也不會死——但真是如此嗎？坦白說，心理的不當管教，只要不置於死地，的確幾乎不會成為受到重視的事件。即使纖弱的心理出現無數的傷痕，單用肉眼看也不會感受到當事人的痛苦。然而，在「心靈」也就是「大腦」卻已經留下了重大的傷害。而且這些傷害所造成的影響會一點一滴的展現在孩子身上。或在好不容易遺忘的時候又突然出現，成為不斷折磨孩子的後遺症。

兒童會因為目擊家暴現場而導致「枕葉舌回」萎縮，只是心理所受到的其中一種影響。研究發現隨著不當管教的內容（種類）不同，會造成大腦其他部位發生變形。

結果可能會使孩子陷入憂鬱狀態、對其他人展現出強烈的攻擊性、出現無法正常表達情感等症狀。目前也有不少個案是出現厭食症或藉由自殘行為等傷害自己的身體、依賴藥物等情形，導致當事人難以進行健康的日常生活。最糟糕的狀況，是演變成犯罪或自殺的地步。

心理的不當管教絕對不算是輕微的虐待。雖然肉眼看不出來，但是就如同用鈍刀殺人，會經年累月讓被害人痛苦不堪，其實是相當殘忍的虐待行為。

代理型孟喬森症候群——父母為了引人矚目而傷害孩子

接下來，我想先稍微跳脫目前為止我們所談論的「虐待」定義，來談談在不當管教相關個案病症方面，還有一種稱為「代理型孟喬森症候群」的疾病。

「孟喬森症候群」是一種精神疾病，是為了要引起周遭同情或關心而假裝生病或弄傷自己身體的一種疾病。

目前已知在「代理型孟喬森症候群」的案例中，一般這種患者所傷害的對象都是自己以外的人，但通常是以自己的孩子當作對象。

美國曾發生一起著名的「代理型孟喬森症候群」個案。一名八歲少女因為與難纏的疾病奮鬥而登上媒體版面，得到全美各地諸多的同情。然而，實際上卻是因為母親餵食少女毒品、在點滴當中混入異物所致。

日本方面，厚生勞働省的調查報告書中顯示，包括成人帶著孩子一同自殺的個案以外，在虐待致死的加害理由方面，過去十年間總共有四件個案屬於「代理型孟喬森症候群」（二〇一六年九月「兒童因受虐而導致死亡之案例等檢證結果」、第十二次報告）。

在現實中，我就遇過這種病患。

某位母親帶著一名四歲的女孩前來看診，她說：「這孩子每天晚上都說頭痛、睡不著，常常在半夜哭泣」。但是經過血液、大腦造影等各種檢查，都沒有發現任何異常。最後，日本兒福單位——兒童諮詢所介入、將孩子帶到社會福利機構去，觀察孩子一陣子後，發現其實是母親在說謊。

「代理型孟喬森症候群」病患（在許多個案中皆為主要養育者，也就是母親）往往會故意讓孩子生病，讓孩子變成身心障礙者，然後幾乎都會在眾人面前展現出自己是一位犧牲奉獻的母親或父親，想要藉此引起家人或朋友的關心，獲得他人的稱讚或同情。這些加害者不管孩子是否真的在生病，通常都會很熱衷於照顧，即使孩子病狀上有許多不自然的地方、徵兆上有些虛偽的感覺，但是都會巧妙地加以掩飾，有時連醫護人員也難以分辨真偽。結果，有些個案往往因為不必要的投藥、注射，有時候甚至還必須動手術，反而損害了孩子原有的健康。這種讓孩子接受不必要的醫療照顧，稱為「藥物虐童（medical child abuse: MCA）」。

由於代理型孟喬森症候群的病徵相當難以發覺，想必還有更多潛伏的數字。近來看到一些父母會將孩子痛苦的模樣上傳到社交網路平台等，雖然故意讓孩子生病的父母只有一小部分，然而，意外的是或許其中有不少父母都懷抱著「想要利用孩子，讓自己受到矚目」的想法。

我認為醫師應該多加注意這種傾向。希望這些因為協助育兒活動而必須與眾多親子接觸的醫師，能在「一旦發現任何不對勁時，特別觀察留意、並且出言勸導」。

以上，我們將目前為止所提及的諸多不當管教大致分類，並且以顯著的個案為例進行描述。在研究不當管教對孩子的大腦影響時，發現了以下的事實：

- 孩子的大腦會因為受到不當管教而變形。
- 隨著不當管教的內容（種類），大腦變形的位置會有所不同。

孩子的大腦從出生就開始不斷成長、發展，比大人所想像的還要更脆弱、也更容易受傷。目前已確認，如果是在原本應最親近、最安全的地方受到父母親「攻擊」，大腦所受到的傷害會更深。

此外，大腦受到傷害的位置，會因為「攻擊」種類而有所不同。

我將在第二章更進一步詳細解說各種不當管教會對孩子的大腦造成怎樣的傷害，而這些傷害又會如何影響孩子的將來。

第二章

不當管教對大腦的傷害與影響

心理創傷會阻礙孩子的成長發展

在心理學的領域，近幾年討論的是「虐童」案中，被害兒童的社會心理發展往往會被抑制，而擴大其精神防禦系統，使得長大成人後容易抱持著自我挫敗感，或具有心理問題。

也就是說，因為具有心理創傷的關係，而無法在社會面、心理面有完整的發展，即使長大成人，也會一直是「受傷的孩子（inner child）」。

此外，主流的說法是經過治療即可重新建構受傷的心，經歷過心理創傷的記憶也可以一併消除。這種說法的概念是基於心理創傷三大要因——生物學要因、心理學要因、社會環境要因——重點在調整周遭環境（社會環境要因）、掌握對事物等認知方法（心理學要因）方面有所改善，即可治癒心理創傷。

然而，隨著大腦影像診斷法研究進步的結果，闡明「虐待兒童」會對正在發育的大腦機能及神經系統構造，形成永久性的傷害。甚至可以說「大腦會因不當管教而停止成長」也不為過。

結果即引發嚴重的心理創傷。原因是前述三大要因當中的生物學要因。

本章會針對生物學要因當中，不當管教對於大腦的傷害及其影響進行說明。

體罰造成前額葉皮質萎縮

如同先前所述，遭受過度不當管教的孩子，內心都會有非常嚴重的傷痕。然而，不論「心靈的傷痕」有多麼深刻，肉眼都看不到，由於實際狀況不明，旁人也只能漠然置之。

另一方面，「心靈」無疑是從大腦這種極為複雜的器官所產生的概念。近來隨著大腦影像技術進步，已經可以詳細診斷人類活動的大腦。我們關注這種大腦影像技術，進行詳細的大腦調查，期望能夠有機會一窺心靈的傷痕——遂著手進行相關研究。

不論是否跟不當管教有關，根據過去的大腦相關研究發現，大腦容易受到壓力影響位置是圖2-1的「海馬迴（Hippocampus）」、「杏仁核（Amygdala）」及圖2-2的「額葉（Frontal lobe）」等部位。在此簡單說明這幾個部位。

大腦是由「大腦」、「小腦」、「腦幹」三大部分（圖2-1）所構成。

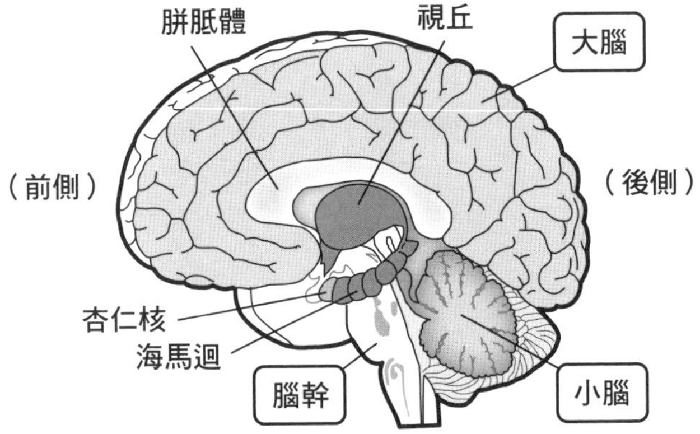

圖2-1

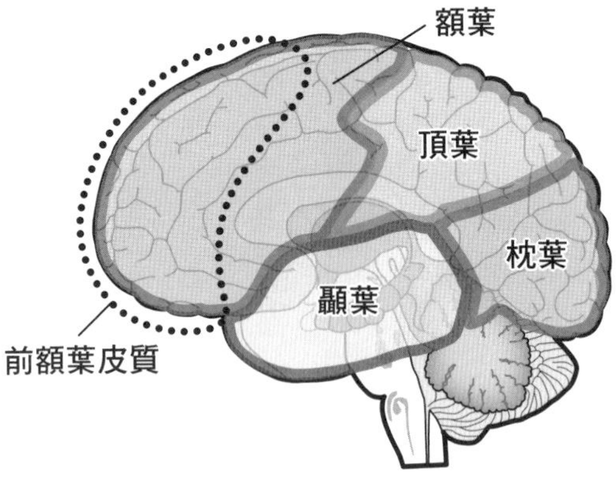

圖2-2

「海馬迴」位於我們兩耳內側深處，是左右成對的器官，剖面看起來像是形狀細長的海馬故命名。

海馬迴處理大腦所傳遞的各種資訊，除了根據這些資訊製作記憶，也會負責保管記憶。特別是在覺得感動或興奮的時候，海馬迴會幫助我們將帶有強烈情緒的事件，記憶得更加深刻。

「杏仁核」位於顳葉部內側，是一對長得像杏仁（almond），與情緒相關的器官。簡單來說，杏仁核會根據過去的經驗或記憶決定喜好，或用以判斷眼前對象是敵是友等價值方面的判斷，特別是對於危險相關的訊息，更會產生特別敏感的反應。

如同其字面上的意思，「額葉」位於大腦的最前方，其中「前額葉皮質」（圖2-2）的部分特別會與學習及記憶相關。

「前額葉皮質」所扮演的角色相當重要，負責控制海馬迴及杏仁核的運作。為了避免掌控危險與恐懼的杏仁核過度反應，前額葉皮質也會適度幫忙踩煞車、控制。相反的，假設前額葉皮質沒有充分發育，就會很容易感到危險或恐懼。

二〇〇三年，我們與哈佛大學醫學院副教授泰闕博士（Dr. Martin Teicher）開始進行共同研究時，假設孩子大腦最容易受到傷害的部分就是前額葉皮質。

為了證明這個假設，我們訪問了十八～二十五歲，美國男女約一千五百人，選出二十三位曾有以下體罰經驗的人。

- 體罰的內容：打巴掌、用皮帶或棍子打屁股等等
- 遭受體罰的年齡：四～十五歲之間
- 給予體罰的對象：父母或養育者
- 遭受體罰的期間：一年十二次以上、持續三年以上

進行這項調查時，還必須找出對照組，因此便再從中找出二十二位沒有遭受體罰經驗的人協助。將這兩組人員以高解析度的核磁共振攝影ＭＲＩ（Magnetic Resonance Imaging）進行大腦影象記錄。收集詳細的大腦形態資訊後，以ＶＢＭ基於體素之統計析（Voxel-based morphometry）正確分析大腦皮質體積，再來比較

兩組人員的大腦皮質體積。

結果發現，曾受過嚴重體罰經驗組與沒有遭受過組兩者比較起來，嚴重體罰者的前額葉皮質（圖2-3）部位用來控制情感或思考、與抑制行動力相關的「（右）前額葉皮質（內側部）」體積平均縮小十九・一％、「（左）前額葉皮質（背外側部）」的體積縮小十四・五％（圖2-4）。

更進一步發現與專注力、做決定、同情等相關的「右前扣帶迴」（圖2-3）縮小十六・九％（圖2-4）。當這些部位受損時，很明顯會產生屬於憂鬱症的情緒障礙，以及可能有不斷出現偏差行為的道德障礙。

結果也顯示，遭受身體的不當管教、對大腦影響最大的時期約是在六～八歲。

此外，近來還有其他研究也闡明，曾受過度體罰的人，大腦視丘（圖2-1）以及大腦皮質中感覺皮質「傳遞痛覺的神經迴路」都會變薄。這可能是因為大腦為了適應體罰所產生的痛覺自我適應的結果。

暫且先不討論這項新發現，原本在進行研究之前，我們便將「身體的不當管

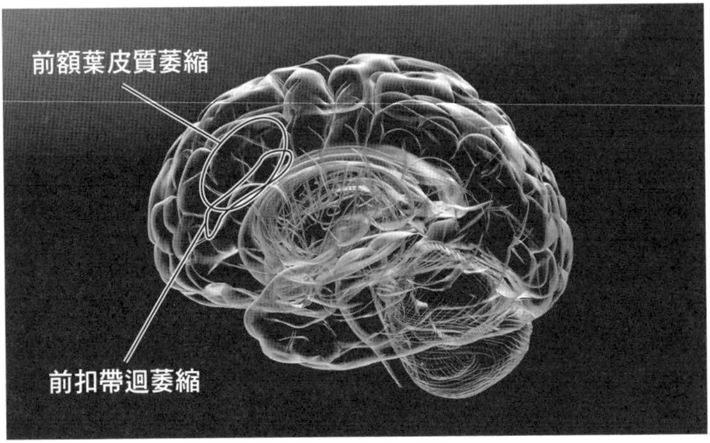

圖2-3　嚴重體罰對大腦的影響

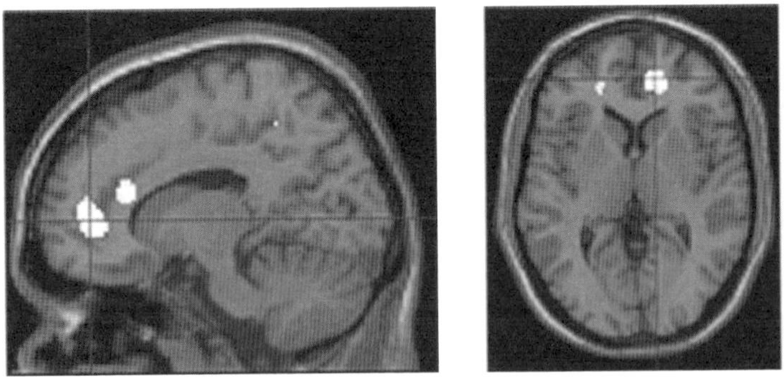

圖2-4　左圖為大腦中央縱切剖面圖，右圖則為橫切剖面MRI影像。白色部分表示前額葉皮質以及前扣帶迴大腦體積縮小的部分。

教會影響前額葉皮質區」設定為預測範圍內的結果。

然而，隨著更進一步對其他不當管教的分析，不斷出現更多預期之外的結果。其中一種是性方面的不當管教。

性的不當管教造成視覺皮質萎縮

針對性方面的不當管教，我們從一般美國民眾中募集了總計五百五十四位學生，並訪談他們的經驗。

接著，以「幼兒時期即遭受性方面不當管教的經驗」共二十三位女學生，與「完全沒有遭受虐待的經驗、沒有精神問題」共十四位女學生為對象，以高解析度的ＭＲＩ進行拍攝。

接著再以ＶＢＭ法進行分析，比較兩者大腦皮質體積的差異。

我們發現，曾遭受性方面不當管教組與健康正常組的學生，兩者比較起來，性不當管教組位於枕葉的「視覺皮質」（圖2-5）體積縮小（圖2-6）。

接下來再利用「FreeSurfer」這種分析法，比較實驗者大腦狀態的差異。

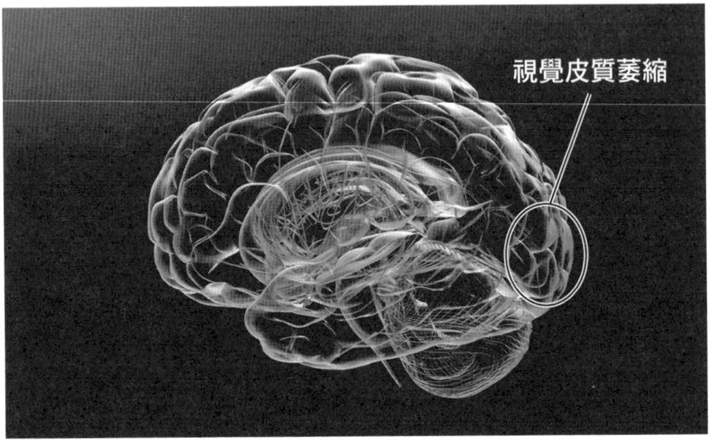

圖2-5　童年時期遭受性方面不當管教，對大腦的影響

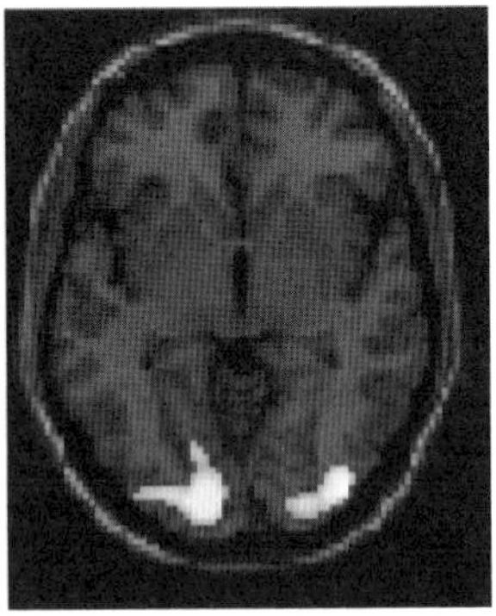

圖2-6　白色部分表示視覺皮質體積縮小的部位

FreeSurfer是由美國麻薩諸塞州總醫院所開發的影像分析軟體，可以詳細地測量大腦皮質部位體積，以及皮質厚度、表面積等。這個軟體的強項是可以處理難以用普通方法正確計算的數值，例如：大腦兩點之間的距離等。

與前面藉由ＶＢＭ法所獲得的結果一致，曾經遭受性方面不當管教組與沒有經歷組比較起來，性不當管教組大腦左半球的「視覺皮質」體積縮小了八%。

特別出現顯著影響的是視覺皮質部位用來辨識臉部相關訊息的「梭狀回」（圖2-7）。與未遭受不當管教組比較起來，性不當管教組平均縮小十八%（圖2-8）。

如字面上的意義，視覺皮質就是與視覺相關的區域。眼睛所接收的外界資

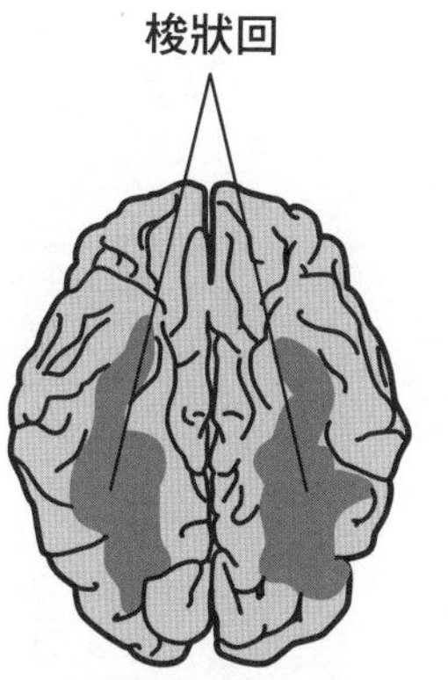

圖2-7　大腦剖面示意圖、從下往上看

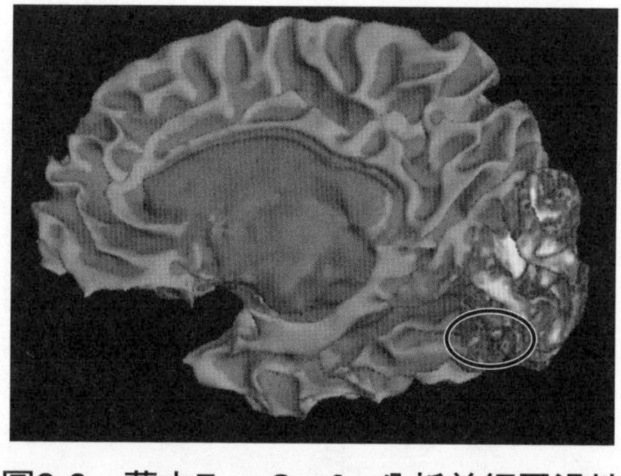

圖2-8　藉由FreeSurfer分析曾經歷過性方面不當管教經驗者的大腦剖面圖。圈起來的部分為梭狀回縮小部位

訊，會先透過視網膜的視覺神經訊息處理，再透過視神經傳遞至大腦。大腦接收視覺訊息的位置就是視覺皮質，其中最先收到訊息的位置為「初級視覺皮質」，亦稱為「紋狀皮質」，先把歪斜或片段等單純的訊息抓出來，再將這些訊息送至「紋外皮質」。訊息經過處理後，再送至「高層皮質」。

經影像檢查發現，這個初級視覺皮質的體積縮小的情形特別顯著。結果顯示，視覺皮質萎縮的情形以青春期前、十一歲左右曾遭受性方面不當管教的學生最為顯著。在十一歲之前受到傷害的期間與視覺皮質體積縮小之間有明顯的關聯性，而且受害期間越長，初級視覺皮質的體積越小。

根據英國神經細胞學家——勞倫斯．加里（Lawrence. Galler）的報告，初級視覺皮質突觸（synapse 神經細胞間的接合部位）密度，會在出生後的第八個月達到顛峰，之後密度遞減，到了十一歲左右即達到成人標準。也就是說，大約到十一歲，初級視覺皮質才會完成。

這個理論與「針對遭受性方面不當管教之影響」所進行的研究結果可以說是一致的，都是在十一歲以前的影響最大。如果在青春期之前，也就是在大腦發育的重要時期遇到嚴重的心理創傷，將會使得初級視覺皮質發生變異。

那麼，視覺皮質體積縮小，代表什麼意義呢？

視覺皮質不僅可以幫助我們看到眼前的事物，也是與形成影像記憶強烈相關的位置。也就是說，視覺皮質縮小可能與「記憶容量縮小」有關。

根據荷蘭神經細胞學家——漢斯．斯巴（Hans. Spar）等人近來的研究，發現初級視覺皮質與「工作記憶（Working Memory）」有關。「工作記憶」是前額葉皮質特別發達的人類以及類人猿獨有的系統，能夠將來自外界的訊息暫存在腦中。

受惠於「工作記憶」，人類可以喚起各式各樣的記憶，與過去的訊息比對後進行思考，然而，這個記憶體是有容量限制的。受害者大腦會自行縮小工作記憶體容量，恐怕就是為了不要讓痛苦的記憶留存在腦內。

在這項調查中，我們讓經歷過不當管教者與沒有經歷過者一起進行視覺的記憶力測試。結果發現初級視覺皮質體積越小的人，視覺記憶力越差。

此外，不論接受調查者是否為右撇子，都會對大腦左右半球中的「左半球」

視覺皮質影響較為顯著。這個特徵代表什麼意思呢？

右撇子的右邊視覺皮質會視「整體狀況」進行運作，左邊則會挑「細部」去運作。因此，當左邊的視覺皮質縮小，就不會看到這些不想面對的詳細情形，可以說是一種下意識的因應方式。

此外，由於這個區域會處理伴隨著視覺而來的情緒，也就是說，每次只要回想起不舒服的事情，神經就會變得非常活躍。我們可以推測大腦是為了不要反覆喚醒這些會伴隨著痛苦的記憶，而使視覺皮質的體積縮小。

容易造成傷害的大腦發育關鍵期

關於大腦，有件事情各位讀者一定要知道，就是年齡與大腦發育狀況的關聯性。

人類的腦必須花費很長一段時間，慢慢地從母親體內開始一路發育到青春期。依個人狀況不同，有些人還到成人期會繼續發育。腦內各個部位並不會以同樣的速度發展，各個區域都有其獨特的「發育旺盛期」存在。在「關鍵期」

（critical period）」時，大腦容易因為壓力而產生重大損傷。

例如我們已經知道遭受性方面不當管教時的影響，除了前述的「視覺皮質」之外，還有「海馬迴」、「胼胝體（連結大腦左右半球的纖維束）」、「前額葉皮質」都分別會有所縮減。

此外，我們可以從圖2-9三張圖表中發現，隨著經歷不當管教的年齡不同，大腦受到影響的位置也會有所不同。縱軸是大腦各個部位的體積變化，橫軸則表示遭受性方面不當管教的年齡。

・掌管記憶與情緒的「海馬迴」關鍵期：三～五歲。
・連結右腦與左腦的「胼胝體」關鍵期：九～一〇歲。
・與思考及行動相關的「前額葉皮質」關鍵期：十四～十六歲。

請注意，這些關鍵期也可以在其他不當管教上獲得驗證。

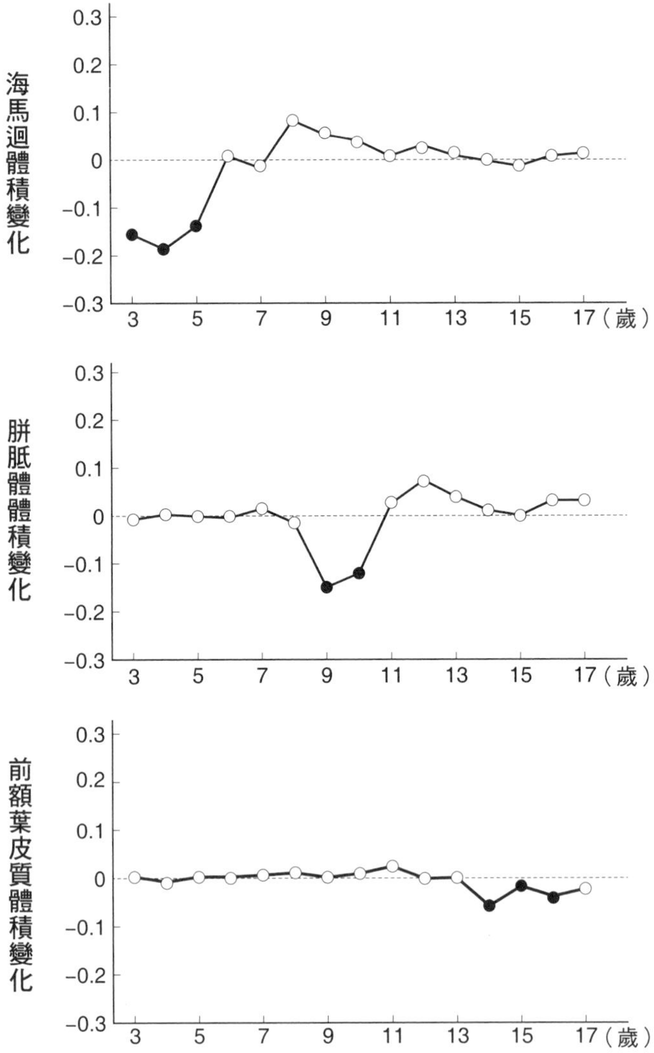
海馬迴體積變化
0.3
0.2
0.1
0
−0.1
−0.2
−0.3
3
5
7
9
11
13
15
17（歲）
胼胝體體積變化
0.3
0.2
0.1
0
−0.1
−0.2
−0.3
3
5
7
9
11
13
15
17（歲）
前額葉皮質體積變化
0.3
0.2
0.1
0
−0.1
−0.2
−0.3
3
5
7
9
11
13
15
17（歲）

圖2-9

語言暴力造成聽覺皮質腫大

曾經受到父母的言語暴力、受到不當管教經驗的孩子，往往會有過度不安全感、膽怯、哭鬧等情緒障礙，或造成憂鬱、繭居、無法適應學校等症狀或問題。孩子的大腦內部究竟發生了怎樣的變化呢？

我們用MRI調查十八歲之前，曾遭受語言暴力等不當管教經驗的人們，與沒有經歷的人們大腦。

與前面調查遭受體罰時的情形一樣，我們訪談了約一千五百位十八~二十五歲美國男女。請他們回答下一頁的問題，並且試著將不當管教的程度數值化。

根據這些結果，先抽出其中二〇一位曾遭受過語言暴力，但是沒有遭受過身體、性方面傷害的人。同時則選出十九位完全沒有遭受過不當管教、沒有心理問題的人，作為對照組。

結果，我們發現曾經遭受過語言等不當管教組，與未曾受到語言暴力組比較起來，大腦皮質顳葉「聽覺皮質」（圖2-10）中，位於左半球部分的「顳葉顳上回（superior temporal gyrus, STG）灰白質」平均體積增加十四・一%（圖

童年時期（18歲以前）你的父親／母親曾對你做過下列的事情嗎？程度如何？（從來沒有／2年1次／1年1次／1年2～3次／每月／每週／每週2到3次／每天）

①會責備你嗎？
②會對你大聲說話嗎？
③會怒罵你嗎？
④會譴責你的行為嗎？
⑤會輕視你嗎？
⑥會用威脅的口吻說要傷害你嗎？
⑦會用惡劣語氣說出讓你覺得不舒服的話嗎？
⑧會說你是笨蛋、行為很幼稚嗎？
⑨會責備你根本沒有做過的行為嗎？
⑩會在他人面前瞧不起你、讓你覺得難堪嗎？
⑪會批評你嗎？
⑫會在沒有任何明確的理由下，就對你歇斯底里大聲咆哮嗎？
⑬曾經說過你是無能、沒用的人嗎？
⑭曾經說過會讓你覺得自己無能、沒用的話嗎？
⑮曾經對你使用激烈的語言嗎？

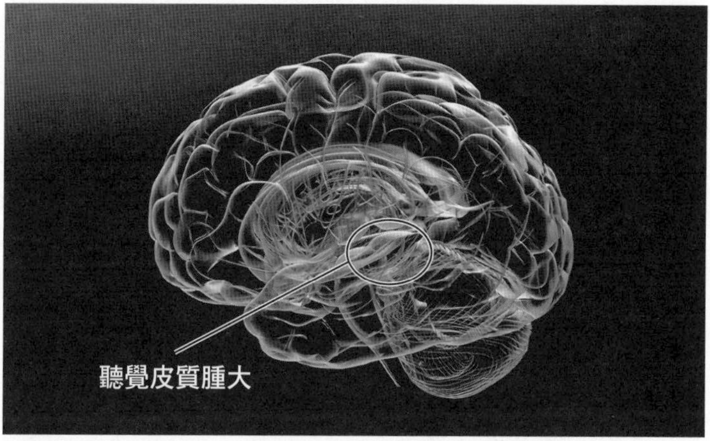

圖2-10　語言暴力等不當管教會對大腦產生的影響

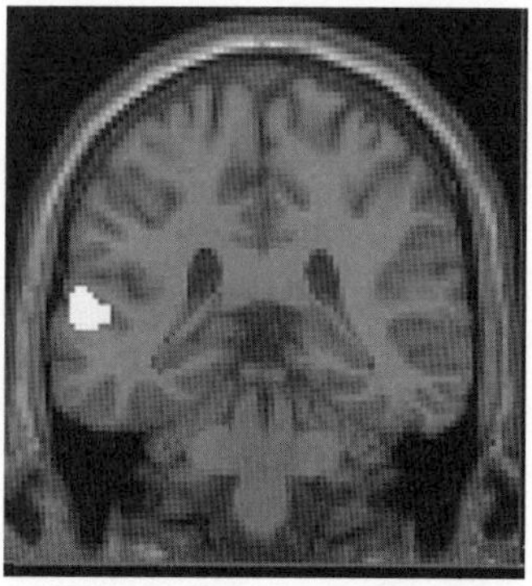

圖2-11　白色部分為顳葉顳上回灰白質增加的部位

2-11）。

接著，根據問卷回答，對大腦體積的影響結果為：

・來自父母的語言暴力比來自父母其中一方的語言暴力影響更強

・來自母親的語言暴力比來自父親的語言暴力影響更強

也就是說，比起父母單方面，父母一起施暴的影響會更為嚴重。我們推測，一般來說，由於母親與孩子接觸的時間較長，所以來自於母親的語言暴力會在大腦損害方面帶來較大的影響。

此外，還有一個特徵是如果語言暴力的程度較為嚴重、頻繁，對大腦的影響也會更大。

聽覺皮質是與語言相關的區域，是用來掌握理解他人語言、進行對話等溝通方面的關鍵。

那麼，為何受到語言暴力的不當管教，這個部位的體積會增加呢？關於這個部分可以視為與大腦發育的過程有關。

用來傳遞興奮感受的神經突觸，會在前述的嬰幼兒時期爆炸性地增加，增加量為成人的一．五倍。之後，隨著新陳代謝活躍、能量過剩，腦中就會開始像園藝剪枝般修剪多餘的突觸，以讓神經傳遞更有效率。

如果在如此重要的時間點，反覆受到語言暴力，大腦就無法進行正常的「修剪」。如此一來，突觸就會像胡亂生長的植物不斷擴大面積。在聽覺皮質出現顯著影響的是四～十二歲左右遭受言語不當管教者，剛好是和修剪突觸時期重疊的年齡。

大腦發育的最初階段幾乎都取決於基因。然而，之後的發展過程除了基因，還會再加上環境因素的影響。也就是說，基因會與環境相互作用。如果此時兒童所在的環境會阻礙大腦發育，當然很難不影響大腦。

大腦為了傳遞必要的訊息，必須適度修剪突觸、讓神經突觸得以更健壯地成長才是最有效率的。

那麼，假設突觸一直茂密生長，未經修剪，會發生什麼事情呢？在聽他人說話、進行對話時，會對大腦產生多餘的負擔。為此，可能會造成心因性聽覺障礙、情緒不穩，並且害怕與他人接觸。

看見家暴造成視覺皮質萎縮

各位讀者是否曾經看過自己父母激烈爭吵，或曾讓自己的孩子看到自己與人爭執的經驗呢？

前面的大腦研究已經得知，頻繁目擊夫妻之間家暴的孩子容易出現各種心理創傷反應，其智力以及語言理解能力也會受損。

實際以哈佛大學女學生為對象進行調查時，我們發現幼年時期曾看過父母吵架的組與沒有看過的對照組比較起來，其ＩＱ（智力商數）與記憶力平均分數較低。

這個實驗以十八～二十五歲的美國男女為對象，比較二十二位曾於幼童時期長時間（平均四・一年間）目擊過父母之間家暴者，以及三〇位沒有相關經驗者的大腦皮質體積。結果發現曾目擊過家暴組與沒有相關經驗組比較起來，視覺皮質（圖2-12）的體積平均減少六・一％（圖2-13）。

另一方面，視覺皮質的血流量增加了八・一％。表示該部位過度敏感、過度活躍。結果顯示特別是在十一～十三歲時期目擊家暴的人，會對視覺皮質產生更嚴重的影響。

更驚人的是，比起目擊父母之間的身體暴力，語言暴力對大腦所產生的傷害更大。

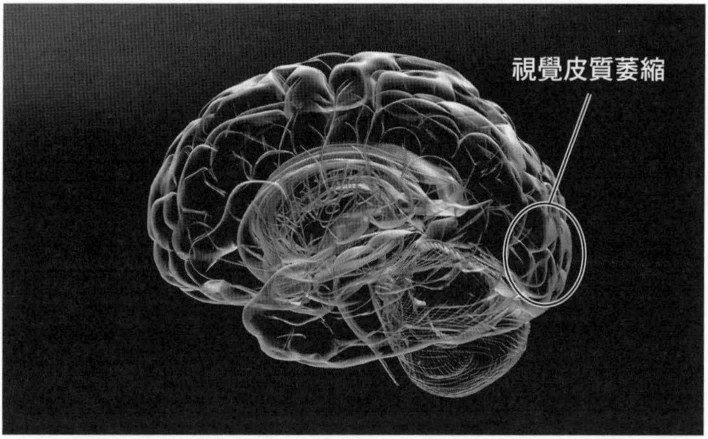

圖2-12　目擊家暴現場等不當管教對兒童和青少年大腦的影響

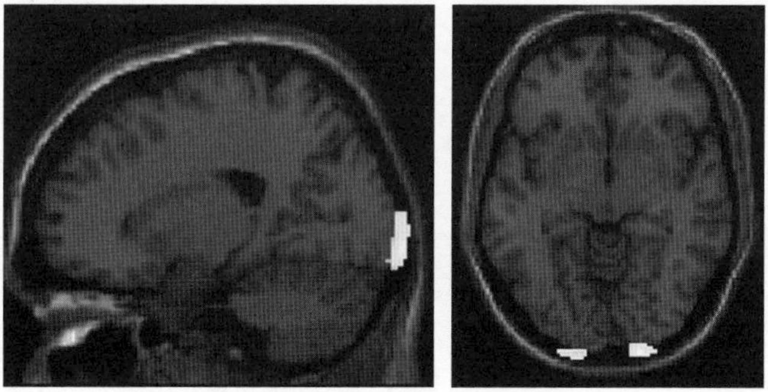

圖2-13　白色部分為視覺皮質減少的部位

具體來說，視覺皮質中枕葉舌迴的體積，相對於目擊肢體家暴現場的體積減少三．二％，語言暴力則減少十九．八％，實際上的影響有六倍之距。

其他調查也闡明了目擊家暴現場會造成的嚴重影響。

先前亦有提及，哈佛醫學院附屬麥克萊恩醫院中，泰爾博士等人進行身體和心理的不當管教與心理創傷反應相關調查研究後，發現以解離症狀為主的心理創傷反應最為嚴重，造成心理創傷反應最嚴重的組合是「目擊家暴現場與受到語言暴力的虐待」。

也就是說，比起受到身體不當管教或被疏忽的人，目擊父母親家暴現場或遭受言語謾罵等遭受不當管教的人，其心理創傷狀態更為嚴重。

依附障礙症患者的大腦

我們試著調查二〇一位有依附障礙症的孩子與二十二位沒有相關症狀孩子的大腦體積差異。結果發現有障礙的孩子，其左半球初級視覺皮質體積減少二〇．六％（圖2-14）。

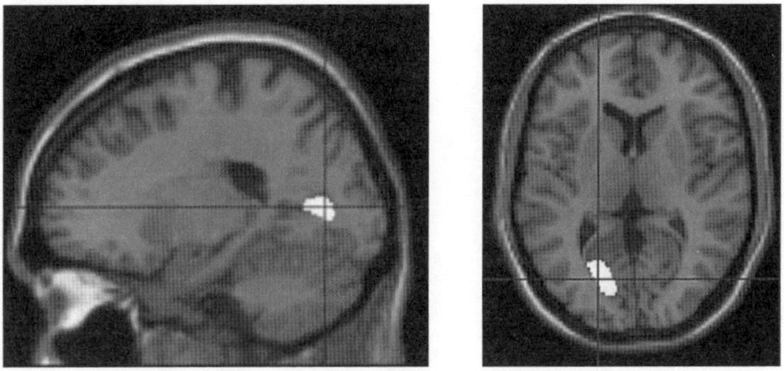

圖2-14　白色部分是因為左半球視線皮質有部分減少

這個部分可能與依附障礙症孩子所表現出的過度不安或恐懼等心理症狀、憂鬱等有關。

此外，從近來的研究可以發現，依附障礙症的孩子對於「獎賞系統（reward system）」反應較差。

所謂「獎賞系統」係指他人滿足自己需求或知道接下來需求可以被滿足時，大腦運作就會變得活躍，並感到喜悅與快樂的一種大腦架構（系統）。特別是與「紋狀體（Striatum）」（圖2-15）這個部位有關，當紋狀體活動力較差，即使得到獎賞，也不會促使大腦運作活躍、難以感受到喜悅或快樂。

我們會以「患有依附障礙症的孩子」、「ADHD（注意力缺失症、注意力不足過動症）的孩子」、「健康正常的孩子」三組為對象，進行金錢鼓勵問答實驗（可以獲得零用錢），並且以ｆＭＲＩ（功能性磁振造影）調查他們大腦的反應。

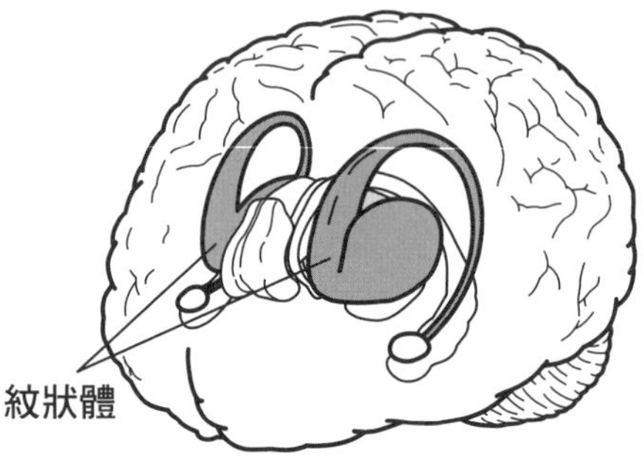

圖2-15

ｆＭＲＩ方法，是使這些孩子在ＭＲＩ裝置內，回答各種問題，藉由題目鎖定相對應的大腦活動區塊。例如，在ＭＲＩ裝置內進行一個實驗——「看著影像，出現點點的時候，就用手指按下按鈕」。ｆＭＲＩ可以鎖定、監測到受測者按下按鈕時，大腦的哪一個部位正在活動。

這個實驗，是讓孩子們進行一種猜卡片的遊戲。並且測試三種不同額度的零用錢題目。

①答對就可以得到很多零用錢（高額金錢鼓勵題）。

②答對只能得到一點點零用錢（低額金錢鼓勵題）。
③即使答對也完全沒有零用錢（無金錢鼓勵題）。

從結果來看，健康正常的孩子不論是否有受到鼓勵或知道金額大小，遊戲時大腦都會一直維持運作。也就是說，任何時候都很容易提高他們的動機。

另一方面，ADHD的孩子雖然在得到非常多零用錢的①時大腦會有所運作，但是對於②這種金額較少的則沒有反應。不過如果正在進行治療，例如：服用藥物等，則在②的情境下仍看到大腦有進行運作。然而，依附障礙症的孩子如果尚未接受治療，不論面對任何問題，都不會看到其大腦發生任何動作（圖2-16）。

光是這個實驗部分即可確認大腦的反應的確會變得較為遲鈍。也就是說，掌管獎賞系統的「紋狀體」活動力變得較差。

如果紋狀體無法活躍運作，就很難感受到快樂的情緒。不少案例顯示，為了追求快樂，這些人容易過度追求強烈的刺激，進而尋求藥物幫助，而陷入藥物上

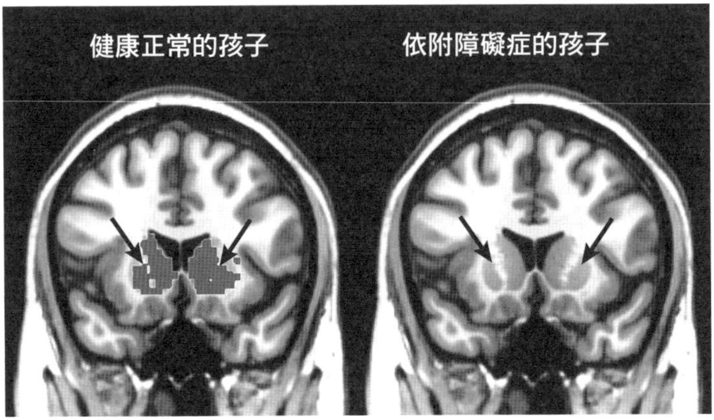

圖2-16　箭頭所指的部分，為進行實驗時的紋狀體狀態。與健康的孩子比較起來，依附障礙症的孩子，其大腦的活動狀態較差。

癮症（Dependence）等狀態。數據顯示曾遭受不當管教的孩子，通常會較早開始依賴藥物或酒精。

圖2-17是依附障礙症孩子的大腦解析結果。報告顯示在一歲前後的關鍵期遭受不當管教，會大幅影響、降低大腦的活動力（即：紋狀體活動力）。

依附障礙症患者的特徵是自我肯定感極低，一旦被斥責就會顯得手足無措，或就算聽到稱讚也不會在心中產生任何影響。

為了活化這些人功能低落的「獎賞系統」，教育方式需要用比健康的

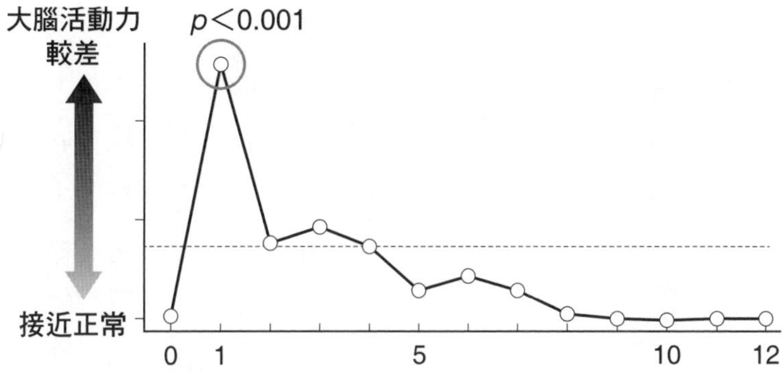

圖2-17　遭受不當管教的年齡（歲）

孩子更多稱讚、鼓勵。

大腦為了生存而適應環境

目前為止，我們已經描述了各種不當管教會對大腦帶來的影響。然而，大腦內還有非常多未知的部分，現代科學還無法完全解析。換句話說，還有非常多的研究空間，相當值得探究。

特別是發育中的孩子，其大腦有更多的可能性蘊藏其中，每天在生活中與父母、家人、身邊人們進行情感交流，並且透過各種體驗、學習，逐漸發育成熟。然而，如果在這重要的時期，遭受強大的壓力，產生孤獨、悲傷、恐懼等情緒，大腦的發育就會因此產生變化。

特別是如果持續受到來自於孩子最依賴、親近的存在——父母或養育者的過度壓力，為了避免這些痛苦，大腦就會「變形」。

不當管教，本身對孩子而言就是一種壓力。

對成人而言，壓力當然也會對大腦帶來很大的影響，很多人甚至因此罹患身心疾病。但是，對於正在發育、還很柔軟有彈性的孩子來說，壓力對大腦的影響會遠比成人來得嚴重。

此外，別忘了若遭受多種不當管教，對大腦的損害會更為複雜且嚴重。

單一不當管教通常會引起大腦視覺皮質、聽覺皮質等感覺皮質的障礙，但是一旦同時遭受到多種不當管教，目前已知恐怕還會對海馬迴或杏仁核等造成嚴重的影響。

不當管教經驗對大腦的不同影響

先前提到過，哈佛醫學院泰闕博士曾將大腦分成一〇二個部位，進行不同構造之間連結的研究。結果發現曾遭受過不當管教者與未曾有過相關經驗者的神經迴路有明顯差異。嬰幼兒時期遭受過不當管教，將會使得整體神經迴路出現結構性的變化。

例如，在大腦頂葉（圖2-2）內部稍後方的位置有個稱為「楔前葉（precuneus）」的部位。這個部位會與回想身體感覺（因為生氣、不安、無力等情緒性的反應，而產生身體上的反應）有關，遭受不當管教者從此處延伸出的神經網路排列非常緊密（圖2-18），可以推測是為了要在危機下保護身體，因此造成神經網路過度生長。

此外，曾有疼痛、不愉快、恐懼等經驗，或對食物、藥物有所依賴者的「前島（島葉（Insula））」神經網路也會比正常情況下生長得更為複雜（圖2-19）。

另一方面，在控制意識決策、同理心等情感控制相關的「前扣帶迴」神經迴路方面，未遭受過不當管教者的密度較高，遭受過不當管教者則呈現密度非常低的狀態（圖2-20）。

我們的視覺、聽覺、身體感覺等身體功能，是為了讓我們能夠察覺來自外

圖2-18

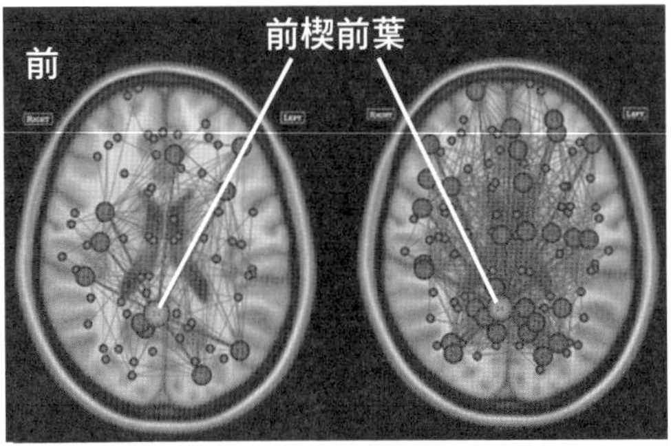

健康正常者　　　　受虐者

圖2-19

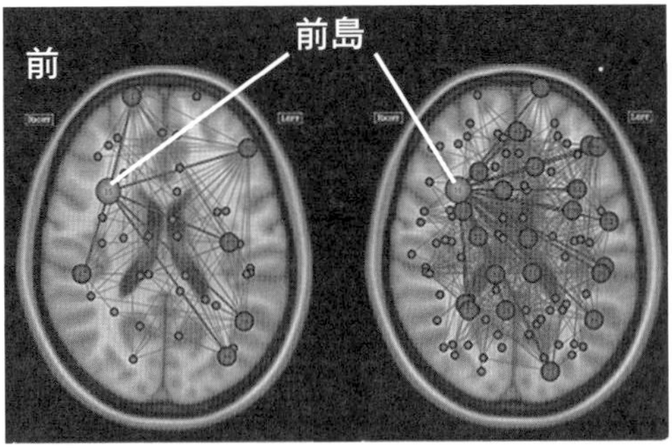

健康正常者　　　　受虐者

圖2-20

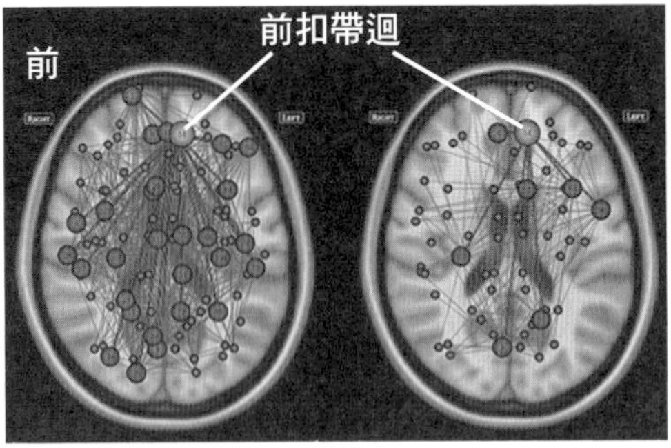

健康正常者　　　　受虐者

泰闕（Martin H.Teicher）博士提供

界的所有刺激，並且產生相對應的感覺。如果孩子的生活環境中充滿著危險與不安，無法從身邊尋得幫助時，會發生什麼事呢？一般來說，不論危險或不安的原因為何，孩子最希望可以仰賴的就是父母或養育者。

孩子只能用自己的力量努力想辦法，即使結果是大腦因此變形或產生變化，就生物學看來也是非常合理的。

例如，經歷過嚴重不當管教的人，其掌管恐懼感的杏仁核會過度運作，可以視為一種經常警戒、為危險做預防準備的一種措施、防衛本能。

此外，經歷過不當管教者，也會比一般人較早開始有性行為的傾向。可視為是為了在充滿危險的世界延續生命、留下後代的行為。

為了讓各位讀者更易於了解，將這一節文字統整為圖2-21，顯示不當管教類型對於大腦產生影響的部位。

如同在危機下人類會依照生存本能而行動，這些受虐孩子的大腦往往會因為衝擊而產生變化。

另一方面，有些人即使大腦發生了這些變化，不見得會出現相對應的影響。

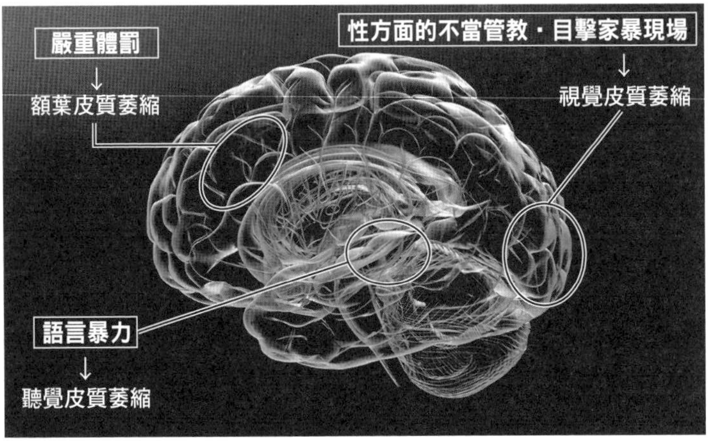

圖2-21　不當管教對大腦的損害

由於個人氣質或能力、感受性、抗壓性等皆因人而異，即使面對相同狀況，從反應看來有些人卻不會在心理發展面發生什麼嚴重的問題，還可以在社會適應得非常良好。

例如，先前所提到的調查對象為經歷過不當管教，卻在一般社會中過著正常生活的十八～二十五歲族群。

至少這些人在調查當時，並沒有出現心理疾病或障礙，也沒有被診斷出憂鬱症或PTSD（創傷後壓力症候群）。也就是說，這些人是可以充分適應社會的族群。

然而，實際開始調查後，卻發現這

些乍看之下沒有問題的人，腦中確實刻劃著心理創傷的痕跡。

這些不當管教所經歷的傷痕，事實上根本沒有背負的必要。

這些人即使目前沒有疾病、過著正常的生活，但是未來人生只要有一個地方出現轉折，仍然可能因而出現嚴重的症狀。

下一章節我們將具體驗證如何使受傷的大腦復原，在臨床醫學上的治療方法，以及實際恢復健康的個案和最新的觀念。

第三章

相信孩子的復原力

大腦的傷害與治療

大腦具有一個急遽發育成長的「關鍵期」，如果在這段期間內遭受過度的不當管教，為了因應狀況，大腦會呈現有別於一般發育過程中的狀態，結果導致部位或區域變形，運作（功能）方面也會發生一些變化。

依不當管教的性質，大腦遭受損害的區域也會有所不同，這是研究者所難以預料。特別是語言暴力不僅是直接針對孩子，夫妻之間互相謾罵、威脅等，也都會在孩子的大腦留下傷痕。各位讀者讀者是否會覺得相當驚訝呢？

心理創傷的經驗以及隨之而來的壓力會改變孩子的大腦結構，若要說結果可能會因此產生一輩子心理上的疾病或各種反社會行為也絕不誇張。

這種已經變形的大腦是否無法復原呢？

因為變形而損害的大腦功能是否無法修復呢？

答案是不一定。根據近來的腦科學研究，許多案例報告皆顯示「大腦傷害是可以治療的」。

目前為止，一般會認為大腦細胞與皮膚以及消化器官等有不同的差異，只要經歷一次損害就無法再復原。然而，近年來卻有研究指出，即使是成人的大腦亦有重生、復原的可能性。

最先提出証明的是荷蘭腦科學家佛羅瑞斯・朗格（Floris de Lange）。根據他在二〇〇八年的研究報告，針對患有與心理創傷關連性非常密切的「慢性疲勞症候群」，為成人進行認知行為治療，只花了九個月，原本已經呈現萎縮狀態的大腦邊緣系統（Limbic System）「前扣帶迴」（圖2-3）體積狀況就復原得非常良好。

此外目前已確認，認知行為治療以及藥物治療對於幼少期*即受到心理創傷的人是可以有效改善的。

荷蘭精神科醫師凱瑟琳・湯馬斯（Catherine Thomas）等人證實接受這些療法的人們可以減緩杏仁核運作過度活躍的情形，並且使前扣帶迴皮質（Anterior Cingulate Cortex, ACC）背側部位以及背外側前額葉皮質（Dorsolateral Prefrontal

譯註：幼少期為2～12歲。

Cortex, DLPFC）、海馬迴的運作變得活躍。

此外，根據美國精神科醫師道格拉斯・布里納（J. Douglas Bremner）研究確認，藉由藥物治療可以讓ＰＴＳＤ患者的海馬迴體積比治療前增加。

這表示就連幾乎已經成熟的成人大腦都有希望復原，可見每天都在不停成長的孩子，他們的大腦只要進行適切的治療或照護，復原的可能性更高。在發育關鍵期的大腦雖然容易受傷，但其成長彈性也很高。

此外，近來的研究發現，從幼少期到青春期左右，大腦幾乎所有的部位都已經發育完成，但是並非之後就完全不會再成長，也有些部位需要花時間成長，直到二十歲後半期才會發育成熟。

不論是否有如幼少期般柔軟有彈性，只要有耐心、花費時間與精力，大腦還是有修復的可能。

然而，重點還是要盡快處理。特別是孩子，一定要及早接受適當的治療，因為大腦與心靈修復的速度會有所差異。

讓我們回顧一下曾在第一章中介紹，因持續遭受外婆在言語上的不當管教而出現類似自閉症症狀、九個月大的A寶寶個案。

初次來到診間時，即使我出聲呼喚，A寶寶也完全沒有表情、沒有任何反應，並出現嬰兒退化的症狀。然而，在A寶寶離開外婆、受到保護，由醫師、護理師以及臨床心理師等人進行治療與照護後，僅三週的時間就恢復了笑容。原本面無表情的A寶寶笑顏初綻，第一次笑得像個嬰兒。我們這些醫療人員在當下所感受到的欣喜和安心感，實在無法用言語來形容。

後來，我們讓A寶寶坐好，護理師等人跟他說話時，他會側耳傾聽，問他「要不要喝水？」時也變得會點頭回應。

孩子的心理創傷並不是能夠輕易確認的傷痕，往往很容易被忽略。孩子具有一顆比身邊大人們想像中更容易受傷的大腦。然而，另一方面，如果能夠像這位A寶寶一樣，及早接受適當的照護，就有機會能夠使大腦與心理恢復健康。

藥物治療與心理治療

接著將具體說明相關治療與照顧方法。

照顧曾遭受不當管教的孩子，第一原則是要先確保孩子安心、安全。如果沒有先調整好環境，再怎麼進行治療或照顧，也無法充分傳遞到孩子的內心或大腦。光是將孩子帶離反覆進行不當管教的父母身邊，並不能夠解決問題。必須視狀況，準備一個類似精神療養照護機構等讓孩子能夠感到安全，安心生活的環境。

針對這個課題，在研究學者之間最有名的就是老鼠實驗。將一隻出生後沒多久即離開母鼠、適應壓力能力（抗壓性）較差的小老鼠放在一個穩定的養育環境後，發現其抗壓性有所提升。

人類也是一樣的，考量孩子的心理發展，儘快將孩子從不當管教的狀況中移出、調整好養育環境非常重要。

調整好環境後，即可著手進行相關照護工作，但是不當管教除了會對大腦這個「器官」產生影響，同時也會對心理，也就是「心理的運作」產生影響，所以重點是要記住，必需從這兩個角度同時切入進行治療。

依據各種症狀進行的治療，皆可以輔以藥物治療或心理治療。

藥物治療在慢性治療方面雖然有效，但是我們更希望在疾病的初期支援或初期治療（亦稱「早期介入」）階段即能夠發揮效果。特別是在治療初期階段，不論兒童或成人，都要快速地進行緊急處置（亦稱「危機介入」）、積極地投予藥物，讓治療對象能夠處於穩定、安全的狀態。

在投予的藥物方面，想做到對症下藥並不容易，例如有心理創傷經驗的孩子會出現睡眠障礙、精神難以集中、對微小的事情即顯得焦慮不安（易受刺激性）等症狀。對於這些症狀，抗焦慮藥、抗精神病藥能夠發揮一定的效果。

如果伴隨著憂鬱狀態，可投予「選擇性血清素接受器回收抑制劑（ＳＳＲＩ）」等抗憂鬱藥物。但任何抗憂鬱藥物原則上都必須視孩子體重，從少量開始慎重地給予。

在抗焦慮藥物方面則可以給予與成人同樣具有鎮靜作用的苯二氮平類藥物（ＢＺＤ），（投予量為成人的四分之一到二分之一程度）但不能夠單純依賴藥物治療，應考量同時與心理治療並行。

有行為衝動或易陷入恐慌等症狀較嚴重者，則可給予少量非典型抗精神病藥。

不論使用何種藥物，當對象為孩子，同時合併心理治療會呈現更好的效果。

另一方面，心理治療可大致區分為「針對心理創傷的心理治療」與「針對依附障礙方面的心理治療」。兩種治療都可以在醫師的指示下，與具備臨床心理等專業技能的輔導員合作進行。

依附障礙症方面的治療方法，在第四章中會有更詳細的敘述，在此我們先來討論心理創傷方面的心理治療。

支撐孩子心靈的「支持性心理療法」

持續受到過度不當管教的孩子，通常都背負著深刻的心理創傷，心理治療的第一個目的就是要先消除這些心理創傷。

以下為各個階段的重點。

- 穩定情緒。

- 消除「心理創傷的記憶，以及對記憶的反應（感情）」等一連串負面狀態。
- 客觀地重新審視過去造成心理創傷的事件。
- 建立安全、良好的社會關係、人際關係。
- 累積復原情緒的經驗（增加可使內心穩定的經驗）。

那麼，來看看具體的治療方法吧。

經常看到背負著心理創傷的孩子，表現出來的症狀之一即是「恐慌症」。每天他們都會突然在生活中湧現不安的情緒而暴衝、哭喊，或出現扔擲東西等行為。

遭逢強烈心理創傷經驗後，即使當事人不願意，記憶也會突然鮮明地浮現，稱為「創傷經驗重現（flashback）」。

很多個案之所以會引發創傷經驗重現，都是因為陷入恐慌狀態（圖3-1）。由於往往非常突兀地就開始，身邊的人們根本毫無預警。就好像是「爆發」一

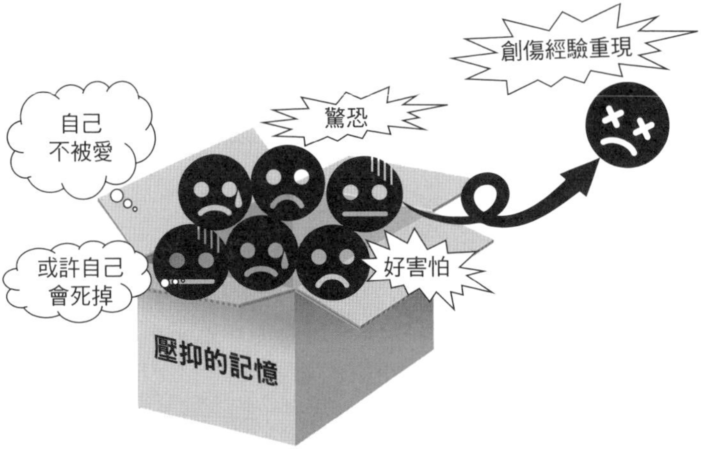

圖3-1　創傷經驗重現所引起的原因及心理創傷記憶（示意圖）

樣。

對孩子而言，可能是因為發生過類似「或許自己會死掉」等帶有恐懼感的事件，或持續被最愛的父母所忽視等盡可能不願直接去面對的記憶。這種時候，每個人都會本能地想要隱藏記憶、予以否認。因為這樣做至少可以獲得暫時的安心感。

然而，孩子無法妥善地在內心隱藏過去這些帶有衝擊性的經驗。

就算孩子現在已經逃離了不當管教的危害、在其他的環境下安穩地過生活，這些被壓抑住的記憶在某個瞬間還是會突然有意識地被喚醒。當這些被強制封存的記憶一口氣跑出來，往往會伴隨著非常嚴重的破壞力。這種情形會造成恐慌症，展現在行為上。

心理創傷的孩子，會覺得自己的心理「異常」，傾向於認為與他人比較起來「自己有一些地方怪怪的」。不論是否為被害人，只要沒有培養出自我肯定感，很容易陷入自我責備的情緒。

此外，有些孩子還會強烈拒絕身邊的支援，藉此尋找自我存在的理由。然而，帶有這種情緒的孩子本身其實並沒有那麼堅強。

出現這種狀況時，協助者必須反覆、持續地鼓勵孩子。

首先，要從確實建立好彼此信賴關係的基礎開始。想辦法傳達「我非常在意你的事情。我想要好好地聽你講話」的訊息給孩子，或利用面談等方式增加與孩子接觸的機會。

在對孩子（當事人）提出具體評估前，可先調查當事人特性以及有無發展障礙等要素存在。

在家庭環境方面，不僅是要了解當事人的家庭人數及組成狀況，還要旁敲側擊打聽出孩子住在怎麼樣的家庭裡、是否還有同住的祖父母或親戚、家庭內的氣氛與習慣、文化傾向狀況等，並且詳細收集孩子在家中以及在學校與其他人相處時有過怎樣的經驗等資訊。

接著，就靜靜地等候孩子，直到孩子自己願意講述其所經歷過的、痛苦，悲傷的事情。開始談話時，必須不斷反覆地對孩子講述：「你絕對沒有不好。不是因為你而引起的，所以不要責怪自己」直到這些話傳遞至孩子的內心。然後，要展現出想要「支持、保護」的態度。

這種讓孩子的內心軟化、發現「自己其實並不壞」（去除認知偏差的心理教育），慢慢地促使其心理自立的治療方法，稱為「支持性心理療法（Supportive psychotherapy）」。

整理記憶與情緒，再賦予新意義的「暴露療法」

如同先前所述，會引發恐慌感，原因之一是自己無法妥善釐清過去的經驗。

對於這樣的孩子，重點是要先促使他們把過去曾經歷不當管教的事情用語言說出來。為了使內心的傷痊癒，必需先把原因吐露出來比較容易恢復。

話雖如此，詳細描述過去的痛苦經驗並不是一件非常容易的事情。因為要促使他們把想要遺忘的事情講出來，身旁的協助者也必須有相對應的忍耐力。

然而，即便是最初沈默不語的孩子，終究會有開始願意侃侃而談的時候。這時不應阻擋孩子想說的話，要仔細地聆聽。但如果這時勉強孩子講話，也會破壞一直以來建立好的信賴關係，必須特別注意。

回想、釐清這些忘不掉的記憶，都必須由孩子自己去處理。協助者的存在目的是要從旁支持、認同、鼓勵孩子的努力，成為孩子運用個人力量去解決問題的「一個契機」。孩子必須要用自己的語言，親自去釐清自己曾遭受不當管教的記憶或情緒。

接著要進入的階段是，我們必須賦予這些已經釐清過的不當管教經驗一些新的意義。這些對自己而言很痛苦的經驗，已經是無法消滅的「事實」，但是要告訴孩子這些事實所展現出的「意義」絕對不只一個。

隨著想法不同，當孩子了解過去這些經驗的意義可以改變，就可以客觀的面對或變得正面積極：「這些是曾經在我身上發生的事」、「不是我的錯」。讓這個階段成真，可說是心理創傷治療的終極目標。

例如，有個個案，是曾持續遭受母親嚴重體罰後，願意開口講述自身經驗的B小朋友（九歲）。

對於母親頻繁且激烈的體罰，B小朋友說當初是覺得「都是因為自己做錯事情，媽媽為了我好才打我的」。他藉由這樣的想法，把受到最愛的母親體罰所產生的悲傷與衝擊，強制壓抑下去。

然而，因為這般的壓抑，即使已經受到兒童諮詢所保護、與母親分開生活，還是會經常引發恐慌症或對朋友出現暴力行為。

對於好不容易吐露痛苦心情的B小朋友，協助者可以透過語言，客觀地協助孩子回顧曾遭受不當管教的事實。

「不過，B小朋友你很努力呢！當初真的是因為你做錯事嗎？」

「或許媽媽也是因為努力卻得不到肯定，才那麼痛苦吧。」

就像這樣不斷反覆進行對話，終於開始發現B小朋友的改變。恐慌症發作的次數減少、對朋友的暴力行為也消失了。Ｂ小朋友先前的心理創傷記憶都會以其他形式重新記錄。記憶依然殘存在腦中，但是已經沒有像之前這樣伴隨著恐懼或悲傷等嚴重的情緒波動。

臨床心理學專家——日本山梨縣立大學的西澤哲教授將這種在經驗解讀上有所改變的現象稱為「賦予經驗新的意義」（《兒童虐待》講談社現代新書）。促使當事人釐清心理創傷的記憶與情緒，並且修正為積極進取的形式，稱為「（長期）暴露療法（Exposure therapy）」。

孩子在治療人員的協助下得以回顧痛苦的過去、重新定義，並從中培育嶄新的自信。不僅是孩子，成人也是一樣的，如何看待過去才是接下來如何展開新生活的重點。在孩子能夠自發性發現這層道理之前，協助者必須更有耐心地對待孩子。

透過遊戲，克服心理創傷的「遊戲療法」

奧地利精神科醫師——西格蒙德·佛洛伊德（Sigmund Freud 一八五六～

一九三九）曾利用一種稱為「Fort Da」遊戲，在得知孩子的心理運作後，進行一項非常有趣的分析。佛洛伊德觀察、分析自己的外孫在母親（佛洛伊德的女兒）不在身邊時，一個人遊戲的樣子。

孩子一直在玩一種遊戲，把線軸丟出去並且發出「Fort（看不見了）」的聲音，然後拉回的時候發出「Da（出現了）」的聲音。看到這個狀況，佛洛伊德的分析是由於幼兒被動地處於母親不在身邊的狀態，所以在遊戲中將線軸當作母親，藉由投出線軸表示將母親驅逐，拉回線軸表示與母親重逢的喜悅。

言語表達尚無法自由發揮的幼兒，能將痛苦的經驗象徵性地表現在遊戲等行為當中。遊戲是一種有效於用來表現心理創傷或痛苦，並且將這些心理創傷或痛苦排解出去的工具。

對孩子而言，有些時候用言語更難以清楚表達。

不僅是語言還無法充分表達的年幼兒童，因遭受不當管教而被迫與父母分開，只能夠生活在社會福利機構的孩子，通常也無法與周遭人們融洽相處、難以開口。許多報告顯示在這種情況下，利用「遊戲療法」是有效的。

「Post-Traumatic Play Therapy（創傷後遊戲治療）」也是其中一種。這是在「遊戲療法」當中特別用來去除兒童心理創傷的治療方法。持續遭受過度嚴重不當管教的孩子，可以透過心理治療師（接受過專業訓練的臨床心理治療師）等專業人員，利用人偶或玩偶進行對話、邀請孩子一起玩扮家家酒，在遊戲中重現心理創傷的經驗。接著，再進一步替換成其他的遊戲，例如：將經驗畫下來，慢慢地讓孩子釋放出這些伴隨著不當管教經驗而產生的激烈情緒。

在此所謂的「遊戲」並不限於使用玩具。例如，如果孩子一直盯著窗邊小蟲，也可以靠過去一起看。一起看著同樣的東西（共同注意）是很重要的事。

透過這些遊戲，累積與孩子共同的經驗，是在進行治療時非常重要的階段。

除此之外，還有利用繪圖或沙盤等的遊戲療法（表現療法）。「沙盤遊戲療法」（圖3-2）是在一個裝著沙的大型箱盤中，放入迷你模型玩具，讓孩子可自由表現的一種治療方法，不僅適用於孩子，此技巧亦可運用在廣泛的心理創傷治療上。

進行此療法時，與孩子接觸的臨床心理治療師不僅要用肉眼觀察孩子製作的

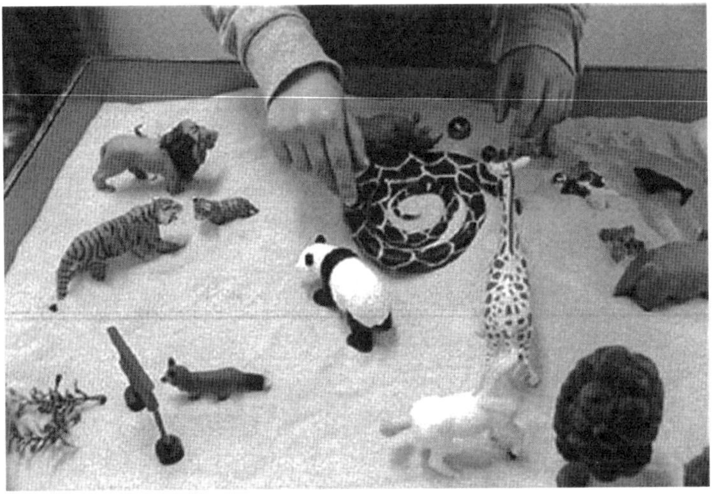

圖3-2　正在進行沙盤遊戲療法的孩子

作品，在過程中還要近距離仔細觀察，找出作品內含的意義。

孩子實際動手做的沙盤世界以及製作過程，可以用來理解他們無法語言化的事物、所捲入的環境狀況以及過去遭受不當管教的經驗。由於沙盤世界會投射出製作者的內在世界，所以藉此觀察、分析，除了可以更深入理解孩子，也期待可以透過讓孩子自由自在的表現，刺激孩子的自癒能力。

內心有陰影的孩子所表現出的沙盤世界，會依個人狀況而有各式各樣的情境。例如：有些孩子會讓迷你模型動物像死掉一樣地橫置在側、把房子倒置。或把家族成員代表的手臂折斷。

這時要特別注意的是孩子如何表現無法用語言形容的概念或感覺。協助者不應否定孩子在整個作品上的完成度，亦不應針對空間使用方法、物件配置方法等提出任何異議，態度上必須要全盤接受、仔細品味。與孩子共有製作現場，可以說是一種具有重要意義的治療方法。

此外，當孩子有故意拿玩具去撞牆、故意讓玩具摔落到地上、拔掉蟲腳等明顯與正常遊戲性質不同的行為，也就是反覆進行暴力式遊戲時，可以把狀況視為孩子正在重新體驗自己遭受過的不當管教。

協助者如果強力制止孩子這種遊戲方式，反而會造成反效果。這時，協助者應靜靜地從旁守候。

近年來臨床證實這種遊戲方式不僅適用於孩子，也能對成人發揮一定的效果。

處理心理創傷的新式治療方法

在孩子的心理創傷處理技巧方面，還有「聚焦創傷的認知行為治療TFCBT（Trauma-focused cognitive behavioral therapy）」以及「眼動身心重建法EMDR（Eye movement desensitization and reprocessing）」皆為有效的治療方法。

聚焦創傷的認知行為治療，對象亦包含與不當管教原因非直接相關的其他養育者，讓孩子以及父母等人一起進行治療。藉由認知行為治療與放鬆法，這種面對過去的痛苦經驗、慢慢去除不安的「階段式暴露」方法，通常需要八～十六週的時間。

在美國，已經有非常多認同這種心理治療效果的論文提出，這也是目前最受矚目、最有效果的治療方法。

然而，如果要對患者臨床實施這種治療方法，必須先受過專業指導員的訓練並且定期參與研習，由於真正可以實施的臨床專家有限，因此目前還很難在一般診所接受相關治療。

ＥＭＤＲ於一九八九年由美國心理學家弗朗西・夏皮羅（Francine Shapiro）所開發，是對心理創傷來說比較新型的心理治療方法。不限孩子，亦適用於一般人，其嚴密地將治療流程分為八個階段，其中最具特色的是以下這項實行方法。

首先，用手指在接受治療的孩子或成人等對象前左右晃動，讓對象用眼睛去追隨手指。這樣一來，大腦就會呈現近似「快速動眼期（ＲＥＭ）」的狀態。所謂「快速動眼期」就是所謂的淺眠狀態為了進行整理記憶的動作，而讓對象處於這種半睡眠的狀態，讓對象回想過去痛苦的不當管教經驗（圖3-3）。

我們人類大腦有一種機制，即使有過非常痛苦經驗的記憶，某一天也能夠自我冷靜地回想起來。然而，這通常需要好幾年的漫長歲月。

ＥＭＤＲ可以在短時間內完成原本必須耗費好幾年的心理復原時程，這一點實在是非常突破的方法。也就是說，一些還很鮮明的記憶或情緒在快速動眼睡眠狀態下，大腦會錯認為是這些非常遙遠的記憶，再透過將其語言化、整理後，轉換成為一般的記憶。

如同先前提到的暴露療法，ＥＭＤＲ也是必須使用語言詳細描述痛苦經驗

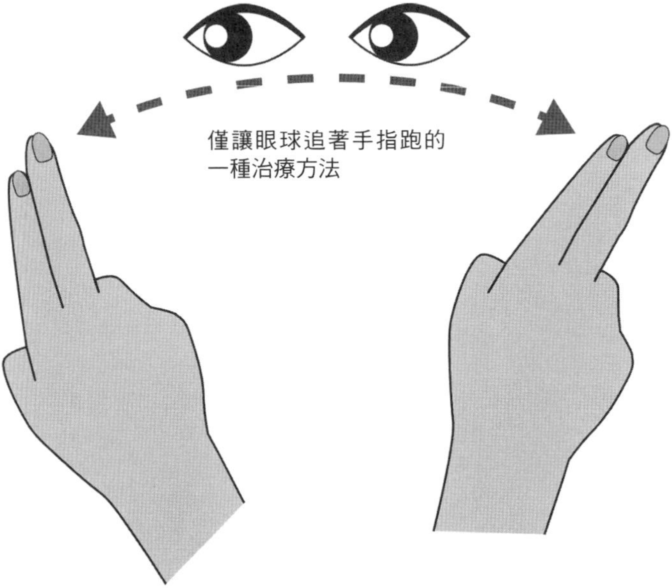

圖3-3　藉由眼球運動進行的EMDR眼動身心重建法（示意圖）

的方法，但是相較起來，EMDR算是壓力比較小的一種治療方法。WHO（世界衛生組織）在「減輕患者負擔的治療方法」方面，推薦使用EMDR。然而，要讓年齡較低的孩子將痛苦記憶語言化還是有其困難度存在，所以尚未驗證其效果。

所以，特別是針對孩子這個部分，目前所應用的技巧方法是「蝴蝶抱（butterfly hug）」。將意識集中在想要消除的、過去曾遭受過不當管教的痛苦經驗大約二〇秒，並以手臂有節奏的自己左右輕輕拍打肩膀。由於兩手臂交叉呈現類似「蝴蝶」形狀，故以此命名。

拍打完畢請深呼吸，再和治療人員談談自己的情緒有怎樣的變化。這個動作非常簡單，但是卻能夠產生一定的效果，只要花時間持續做下去，孩子就能夠用穩定的情緒回顧過去的經驗。

目前為止我們介紹了各種不同的心理治療方法。

對於持續遭受不當管教個案的孩子時，以認知行為療法介入，可以掌握住一些重要的關鍵資訊。專家先針對因痛苦經驗所產生的自我否定狀態給予協助，當事人再自我重新整理，藉此重新認知「當時的我沒有錯」，在心理將其導向「自己是個有用的人」等自我肯定。我認為這是此治療方法所具有的重要意義。

其實我們醫療相關人員能夠介入的地方並不多。然而，由於與長時間直接接觸孩子的父母立場不同，我們的強項在於可以從客觀角度去觀察孩子、找出孩子隱藏的優點。所以，如果對孩子的內心問題有所煩惱，請務必向專家諮詢。早期介入是最重要的。

加強大腦復原力的研究

在促使心理復原方面，耐心地花時間進行治療也是非常重要的過程。在進行前述各種治療方法時，應先訂定階段性目標，將兩、三週的時間設定為一個區間，好好地保護正在一點一點恢復的孩子。

如前所述，但必須不斷強調的是心理治療目的在於消除心理創傷，並不是讓當事人完全忘掉心理創傷的經驗。不僅是如此，還必須協助孩子產生自己跨越心理創傷的能力。引導出孩子天生的能力──復原力、問題解決能力等。

說到「復原力」，近來經常聽到的就是「resilience」一詞，查詢字典後發現這詞帶有「有彈力、彈性、反彈、恢復、重新站起來的能力」等意思，新聞媒體等常翻成「不屈不撓」。

在精神醫學的領域中，所謂「復原力」係指經歷過嚴重的心理創傷、持續生活在有慢性壓力的環境等，即使處於艱難的狀況下，依然具有妥善因應的能力，或指妥善因應的過程或結果，亦稱為「心理的彈性」、「心理的恢復能力」。

實際上，並非所有經歷過不當管教的孩子都會陷入不適應社會的狀況而出現心理疾病，其中也有在成長發育階段完全不覺得有什麼嚴重問題或困難而順利成長的孩子。這些可以歸類為「復原能力高」的孩子。

以往的心理創傷研究個案大多聚焦在有精神症狀或精神疾病患者，相反的，卻不會把這些已跨越惡劣環境、適應社會的人們當作研究對象。然而，近年來已經有專家學者特別注意這些孩子，並且進一步去研究、尋找他們之所以可以提升復原能力的原因。

我們可以說能夠發揮高度復原力的孩子都具有某種「保護因子」。知名的英國教育社會學家約翰・拜納（John Bynner）將保護因子定義為有助於孩子從惡劣事件中跳脫出來的各種「資源」。

保護因子可分為幾個種類，首先是具有高智商、自我肯定感、個性正面積極等「個人特性」，具有溫暖的家庭、連帶關係感、父母積極程度等「家庭特性」，以及社會網路充實完備等「區域特性」。

這些保護因子所扮演的角色是保護孩子柔軟有彈性的心理與大腦，並且在教育、社會、經濟等人生各個面向發揮影響力。

我們藉由調查、了解這些復原力較高的孩子，以了解復原力較低的孩子，是否因為無法掌握促進復原力的重點，才容易具有精神問題？期待研究結果可以成為有助於治療、介入、預防心理疾病的一個新興研究領域。

創傷後成長

目前為止我們已經講述許多種針對孩子因遭受過度不當管教而使大腦受到傷害的治療以及照護方法。

這裡必須一再提醒各位讀者，雖然孩子接受了適當的治療，心理的傷害仍是不可能完全消失的。

心理創傷的記憶會持續存在於心中，但是隨著成長經過各個階段，孩子在回首過去時，會重新去思考這些意義。

孩子確保自己有個可以暫時安心的住所，並且借助專家們的協助，就能夠重新面對過去，這個經驗會成為當事人非常強大的後盾。由於對事物的看法並非只有一種，學會如何面對心理創傷、如何跨越比較恰當，因應處理的方式也會隨之改變。

這個部分雖然不太容易，但是只要能夠進一步重新面對這些創傷，自然而然地就能夠穩定並且逐步提高自我肯定感。經歷過嚴重的心理創傷，並且得以安然度過，這樣的成長過程稱為「（心理）創傷後成長（Posttraumatic Growth, PTG）」。

用時間、耐心引導孩子成長到這個階段，是醫療人員以及協助者在保護受到心理創傷孩子時的重要使命。

個案研究❶

C小朋友（三歲・女生），因目擊父母暴力行為而受到心理的不當管教

目擊家暴的影響

C小朋友的母親在懷孕期間就開始遭受先生的家暴。C小朋友出生後，先生也持續在C小朋友面前出現怒罵或責難母親的行為。

在成長的過程中，C小朋友如果遇到不符合自己期望的事情，就會用像先生一樣強烈的口氣發火。由於生氣時的表情以及語氣幾乎跟先生如出一轍，使這名母親產生危機感而前來求診：「她會讓我想起先生叫罵的聲音。這樣下去，我恐怕也會開始怨恨女兒，而做出一些不好的事」。

C小朋友白天會失禁，晚上也會頻繁地清醒，還會有一邊說「好可怕」一邊哭醒等症狀。

事實上，C小朋友的母親本身年幼時即有多次遭受父親嚴重體罰的經驗，對於現在這種必須再度回想當時恐懼的生活，實在難以忍受。

即使離開父親，也會想起的痛苦記憶

如同在第二章中所介紹的，語言暴力型的家暴會對孩子的發展產生相當大的影響。即使家暴的對象不是自己，但是卻會因為目擊現場狀況而分泌壓力荷爾蒙、阻礙腦神經發育。為了進行心理照護，必須盡快將當事人從不當管教的環境中移出，安置於一個可以安心生活的環境。

C小朋友會定期與母親一起前往醫院看診。在醫療方面，對C小朋友持續使用玩具進行心理治療，對母親則是開始進行EMDR等心理創傷治療。結果，C小朋友的症狀慢慢一點點地改善了，後來已經不會在半夜因為害怕而哭泣，也比較不會有情緒劇烈起伏的情形。

目前C小朋的父母分居，正在進行離婚協議。夫妻分開生活，從結果來看雖然可以解決家暴問題，卻無法完全去除阻礙C小朋友發展的不安要素。

即使已經和有家暴行為的父親分開生活，依然會因為目擊的記憶而引發「創傷經驗重現（flashback）」，所以重點是必須耐心讓C小朋友理解自己已經安全了，並且得到溫柔地照顧，讓她覺得生活有安全感。

有些人會問像這種夫妻間的家暴問題，只要父母離婚就不會再有家暴，因此還可以讓孩子與施暴者同住、見面嗎？這樣的處理方式有點操之過急。會對配偶施暴的人，通常也有很強烈的傾向會對孩子進行不當管教，施暴對象從配偶移轉到孩子身上的可能性相當高。

即使沒有對孩子進行不當管教，與施暴者生活或見面本身就可能會對孩子造成新的壓力。

這樣一來，容易引起先前所述的「創傷經驗重現」情形，結果會再度讓孩子的身體、心理都產生不安，進而阻礙大腦發育，不容忽視。

此外，與施暴者見面時，受害者往往會出現精神不穩定的情形，這方面也會有影響孩子的風險，必須特別注意。

父母也需要協助

嬰幼兒時期是大腦成長最顯著的時期，因此在這段時期持續遭受不當管教，除了會帶給大腦更嚴重的傷害，後續更是長期威脅著受害者的生活。雖然很幸運的，目前C小朋友的情況還未陷入重症，但仍是需要耗費時間、進行長期的治療與支援。

此外，在以父母為對象的照護方面，目前會將這種不當管教家庭的訊息，分發至社會福利相關機構或縣市鎮諮詢中心等單位，各單位一起合作進行「養育者協助」是非常重要的。

雖然狀況不一定是如此，但是父母本身也可能也是曾在不適當養育環境中努力掙扎才得以生存下來的受害者。

環繞在側的協助者（單位）對於這樣的父母，必須先深入理解其從「曾經是孩子的過去」到「成為父母的現在」之間的過程。也就是說，需要了解父母從受害者不得已變成施暴者的過程以及目前的內心狀況。

改善父母的狀況，並且視必要情形給予心理治療等的「養育者協助」，從結果看來也與孩子健康成長、發育有關。

個案研究❷

D小朋友（十歲・男生）、E小朋友（八歲・男生），母親疏忽以及受到心理的不當管教

母親的壓力出口

兩位小朋友的父親是一名上班族，早出晚歸、假日通常也要加班，都是由有兼職工作的母親獨自一人承擔家事與育兒的工作。在這樣的家庭環境下，D小朋友與E小朋友從嬰幼兒期就持續受到母親無情的語言和態度上的不當管教。

一家人住在分租的公寓，鄰居經常報警表示早晨上學時間之前，聽到這名母親怒吼或翻倒、扔擲東西的聲音。

某天早晨，D小朋友晚了一個小時才到國小上課。弟弟（E小朋友）則

是在正常時間到校。雖然沒有確認兄弟倆是否有外傷等狀況，但是經過班導師仔細詢問後發現，當天早上Ｄ小朋友被母親怒罵。原因是過敏性鼻炎而流鼻血，因鼻血滴到床上，無法擦拭乾淨。聽到這番話的班導師勸導這名母親前往專門醫院，因此母子一起前來看診。

Ｄ小朋友這時已經出現無法安靜下來、容易忘東忘西等ＡＤＨＤ症狀。會有努力眨眼或搖頭等動作，或唸唸有詞地發出一些奇怪的聲音，還有頻尿的症狀。

另一方面，弟弟（Ｅ小朋友）的班導師也說，弟弟在學校會頻繁地說肚子痛，美勞課畫圖時還會將海洋或天空塗滿黑色，因此一起接受治療。

醫師向母親說明兩位孩子的症狀時，母親只會不斷地反覆說「孩子們會隨口撒謊」、「我說過好幾次他們都記不住、都不聽我的話」等負面的話。

可以推測這名母親是將忙於育兒與工作、先生忽視家庭的壓力全部施加在自己的孩子身上。

家庭與學校合作進行治療

根據前述的症狀，D小朋友經診斷患有注意力不足過動症以及妥瑞症（一種神經發展障礙症候群，會長時間持續出現稱為「運動型抽動綜合症」的搖頭以及眨眼等症狀，或稱為「聲音型抽動綜合症」的吸鼻子或清喉嚨等症狀）。

我們並沒有讓孩子與家人分居，而是在日常生活中進行治療，先讓D小朋友進行藥物治療，同時持續進行沙盤遊戲療法等心理治療。

我們判斷必須對父母進行相關照護，因此也持續與父母進行面談，讓他們了解如果希望D小朋友恢復健康，與家人的包容力有關，必須重新建構家庭關係。

還有一件很重要的事，由於要把治療融入日常生活中，所以不僅要告知父母狀況，也必須對學校老師等相關人士提供相同的資訊。

我們建議老師們在學校時如何與D小朋友相處——例如，當看到孩子無法安靜下來時，必須避免強力指責，而可以先安靜地在一旁守候。

結果發現D小朋友的症狀逐漸改善，衝動的行為也減輕了。此外，對弟弟（E小朋友）實行繪畫療法後，孩子近來開始會使用暖色系的顏色來畫花草樹木等物品。

青春期前容易出現的症狀

跟這對兄弟的母親一樣，在壓力較大時，人們往往會出現語言暴力或管教失當的情形。

根據日本厚生勞働省社會福利行政報告案例，會對孩子出現不當管教行為的人，其中有五〇%以上為母親，父親約為三十五%，這個比例從一九九〇年開始統計以來，幾乎沒有改變。理由毫無疑問地，就是因為母親是家庭中最主要的養育者。如果父親積極參與育兒，減輕母親的負担或壓力，這個比例才可能改變，並且減少不當管教的發生件數。

像D小朋友這種處於青春期前的孩子，當家庭環境或親子關係發生問題時，通常會出現以下的症狀：

- 身心症（Psychosomatic disorder 反覆性腹痛、心因性頻尿、漏尿、週期性嘔吐症）
- 注意力障礙
- 學習困難、學習能力下降
- 衝動控制力、人際關係能力（溝通能力）不成熟
- 反抗挑戰性障礙
- 霸凌（被害人也可能會成為加害人）
- 提早進入青春期
- 選擇性沉默（或在特定場合或狀況時，出現失語症狀）

在學校等機構協助孩子的大人們，一旦發現孩子有上述這些症狀，就必須立刻對家庭展開一些行動。

個案研究❸

F小朋友（十四歲・男生），受到父親嚴厲的體罰

睡眠障礙導致無法上學

F小朋友參加國中游泳社團。從國中二年級暑假開始，每天早上都無法起床，逐漸過著夜貓子的生活，結果到了第二學期，卻演變成拒絕上學的狀態（懼學症）。為了晚上可以好好睡覺，他還服用市售的安眠藥，症狀卻沒有進一步的改善。

雖然學校的上課內容都可以理解，但是卻沒有興趣繼續念書。所以不去學校上課，改成去補習班，但是每週還是會有三、四天遲到。

父親長期一人外地出差，偶爾回家住的時候會對拒絕上學的F小朋友說「不去上學，表示你太懶惰」並用木刀毆打他的頭及身體。

事實上，父親所任職的公司正面臨倒閉危機，所以父親本身在心理上相當緊張，處於壓力非常大的狀態。

Ｆ小朋友除了有睡眠方面的問題之外，並沒有其他身體的症狀，但是根據他與母親的說法，發現父親有過度體罰的行為。透過得知狀況的市府教育中心建議後，前來本院看診。

使心靈受傷的體罰

診斷過後，我們先針對睡眠障礙方面進行藥物治療，同時也開始進行心理的諮商治療。此外，也向父母說明、強調Ｆ小朋友之所以會拒絕上學並不是因為「偷懶」，最主要的原因是「晝夜節律睡眠障礙（ＣＲＳＤ）」，並且強調過度體罰會在心理留下傷害。

除了定期進行心理治療，同時也讓煩惱於無法到學校上課的孩子們參加「適應輔導課」，Ｆ小朋友的睡眠障礙慢慢地獲得了改善，雖然還是很難到學校上課，但是至少已經願意「到學校的保健室」了。

後來，父親的公司真的倒閉了，全家人為了重新出發，舉家搬遷到外縣市。搬家後，聽說F小朋友已經可以適應新學校了。

扭曲的心靈

F小朋友正處於青春期，進入這段時期的孩子內心與身體往往會有所波瀾。當家庭環境或親子關係在這段時期發生問題時，往往會出現以下的症狀或行為：

- 心身症（自律神經失調、姿勢性直立心搏過速症候群 postural orthostatic tachycardia syndrome, POTS）、過度換氣症候群（Hyperventilation syndrome, HVS）、進攝障礙、大腸激躁症（Irritable Bowel Syndrome, IBS）
- 不安、憂鬱
- 懼學症、繭居

・失眠
・行為偏差、家庭暴力
・強迫症、自殺意圖、割腕

從上述羅列的症狀即可發現相，關症狀不僅會出現在身體內部，也有很多會表現在外。

在此我想說的事與F小朋友的個案無關。青少年時期的孩子即使大腦已有判斷能力，但是由於非常衝動，因此面對困難時往往會處於難以忍受的狀態。也就是說，容易出現偏差或不妥的行為。

正因為他們的行為絕對無法被肯定，在這樣的背景下，先前所說的心理創傷經驗可能就會一直累積潛伏著。我認為當十幾歲的孩子犯下不良行為時，與其處罰，更重要的是要適當照護他們心理的創傷、促使其健全發展，對當事人以及社會來說才是最佳的方式。

個案研究❹

G小朋友（十二歲・女生），目擊父母暴力相向，並且遭受性方面的不當管教

遭受到性方面的不當管教，且太晚發現

G小朋友四歲時父母離婚，由母親照顧。父親對母親的家暴行為是離婚的主因。離婚後，她開始與母親和母親的同居人一起生活，但在四歲到九歲之間卻受到母親同居人在性方面的不當管教。

她一直到了小學五年級時才被發覺異常。因為她「在班上分組吃營養午餐時，討厭跟男同學一組」，她都到保健室吃午餐。學校護士感到異常，才終於發現她一直以來所經歷的狀況。

從G小朋友身上發現了「解離性障礙（Dissociative Disorder）」症狀，

目前她身上同時有以下六種人格存在著。

「涼子」……十九歲。扮演著母親的角色。
「惠里」……十五歲。成熟，像個小大人。
「紀美子」……十二歲。冷靜，會關心人們的行為。近來存在感增加。
「步美」……十二歲。一般的女孩子，喜歡動物與花。
「由利」……十二歲。凶惡、凶暴，會突然想打人。由於條件尚未完整，很少出現。
「結依」……九歲。愛哭鬼、愛撒嬌。

在這之前，母親都沒有發現G小朋友的多重人格徵兆，即使她出現怪異的言行，母親也只會用「我沒空陪妳胡思亂想」加以否定。然而，因為還是有發覺女兒的情緒不太穩定，經學校護士建議，母親才終於願意前往醫療機構看診。

G小朋友曾經出現用美工刀劃傷左臂，使自己流血的自殘行為，但是她卻說自己沒有印象。這也是解離症狀之一。半夜會因為一些細小的聲音而醒來，呈現過度覺醒（Hyperarousal）的狀態。

多項不當管教造成的傷害

經診斷G小朋友因受到多項不當管教而產生PTSD以及解離性障礙，必須在藥物治療的同時進行EMDR治療以及心理創傷焦點解決認知行為治療等複合式的治療。近來已經可以看到她在過度覺醒症狀等方面的改善。

關於這位G小朋友的個案，基本上是因為目擊父母之間的家暴所產生的依附障礙，後來又累積了性方面不當管教所造成的心理創傷，因而出現非常複雜的症狀。包含心理創傷治療在內，必須持續慎重地保護她，未來也必須與許多社福機構合作、請求協助。

重度症狀必須專家介入

由於一般人對解離性障礙的個案不了解，所以父母往往都會覺得孩子是在說謊或演戲而置之不理，導致孩子心理受到更嚴重的傷害，因而提升出現相關症狀的可能性。請深入理解這樣的疾病，當懷疑身邊孩子患有這種疾病時，請告知對方務必要有專家介入。

現在，母親已與同居人分手，因此G小朋友沒有再遭受不當管教。然而，G小朋友至今仍會作惡夢，夢到「有人觸碰我的身體、毆打我，雖然我大聲求救，卻沒有人來幫我」。

像這種重度的個案，必須耐心地接受治療。

第四章

健全發育所不可或缺的依附關係

何謂依附關係

對孩子的不當管教與「依附障礙」有很深的關聯性。

近年來研究發，現童年時期如何建立「依附（attachment）」關係，對於往後的人生，特別是在心理會帶來相當大的影響。

先前我們有稍微提到一些關於「依附關係」以及「依附障礙」的內容，本章將談論因為不當管教而無法妥善形成「依附關係」的孩子，進行治療與照護的方法。

「依附」這個概念最早是由法國心理學家——皮埃爾・珍妮特（Pierre Janet）（一八五九～一九四七）所提出。attachment 是由法文 attacher（牢牢固定住）所衍生而來的詞彙，用以形容「孩子與特定的母性人物（父母、養育者）之間所形成的強力連結（羈絆）」。在日本翻譯成「愛著」，但是近來通常會用片假名「アタッチメント（attachment）」來表示。

孩子出生後到五歲左右，會在父母或養育者之間形成依附（強力的羈絆）關係，並藉此獲得安全感與滿足信賴感，進一步在成長過程中拓展對周圍世界的關心程度，以培養認知力以及豐富的情感。

後來確立「依附，是人類延續生命所必要、不可或缺的關係」的「依附理論」，是英國精神科醫師約翰・鮑比（John Bowlby 一九〇七～一九九〇）以及他的學生，美國發展心理學家瑪麗・安斯沃斯（Mary Dinsmore Salter Ainsworth 一九一三～一九九九）。

鮑比認為出生後一年內的嬰兒，與生俱來就會對具有母性的人物（父母、養育者）出現特殊的依附行為。雖然只是還無法自由講話、獨自一人時幾乎無法做任何事情的嬰兒，就已經會對養育者展現其「依附行為」，藉此吸引養育者靠近自己，以滿足其希望經常維持近距離的需求、保護自己遠離危險。

例如，這種嬰幼兒特殊的「依附行為」有：

- 感到不安或危險時，會用哭泣的方式吸引養育者注意。
- 養育者離開自己身邊時，會一直用眼睛追蹤、確認養育者的位置。
- 養育者離開自己身邊時，會用爬行等方式追隨在後。

嬰幼兒會透過養育者對這些行為的情感回應，而形成穩定的依附關係，因此養育者的存在對孩子而言是「可以安心的安全所在」。

鮑比開始注意到養育孩子與依附關係方面的議題後，即針對第二次世界大戰後，因父母死亡而居住在社福機構的孤兒進行調查。發現他們在成為孤兒之前已與父母以及養育者建構出穩定關係者，比較不會出現無法與身邊的人相處融洽，變得沉默寡言的情形，相反的卻有積極與周圍人士展現親密的傾向。

鮑比就此部分開始研究後得出一個結論，要讓人類的孩子健康成長，必須要滿足其「安全與探索」兩個面向。而且如果沒有確實建立依附關係，也就是親子間沒有建立強力連結，「安全與探索」便無法正常發展，結果就會在心理與身體發展方面發生遲緩的問題，使得孩子對疾病的免疫力下降。

所謂「安全」與「探索」，如同字面上的意義，人類的孩子無法在沒有成人養育下生存。對孩子而言，生存最重要的是要有一個能夠避免危險、安全成長的環境。孩子通常會在父母身邊接受溫暖的庇護，確保安全。然而，同時為了學習能夠在廣大社會中生存的技能，偶爾也必須冒險，拿出勇氣離開舒適圈，探索環境，擴大自己的世界。

例如童年時期常玩的「鬼抓人」這個遊戲。孩子如果站在安全地帶就不會被鬼抓到，但是如果一直停留在同一個地點，遊戲就無法繼續進行，所以必須險中求生、攻入鬼的陣營。如果即將遇到危險，可以快速返回安全地帶。這種一來一往的驚險刺激感非常有趣，孩子通常都很喜歡。

孩子的心理成長與鬼抓人遊戲的架構非常類似。孩子雖處在安全地帶，卻又受到有趣事物與好奇心的吸引，而向外面的世界冒險。

換句話說，因為具有一個「父母身邊」的安全地帶，所以即使有再多的危險或不安，也都覺得可以去冒險看看。

安斯沃斯將這種具有父母庇護的狀態稱為「安全基地」。

在鮑比與安斯沃斯所處的年代，家庭中男女所扮演的角色明確，能夠發揮安全基地任務的人通常是「母親」。然而，現代社會中，有不少父親或祖父母等其他保護者也能在孩子的內心佔有一席之地。但是，如果頻繁更換養育者，將會難以培養安全感，因此建議盡量維持相同的對象。但以下為了方便說明，則以「父母（養育者）」稱之。

發生任何危險事件時、感到不安時、父母不在身邊時，或即使父母在身邊也無法提供安全感時，孩子會變得無法隨時擴大自己的活動範圍，因而減少向外探索的機會，結果難以完成獨立自主的準備。

為了讓孩子在社會面、心理得以健全成長，必須確實保障父母及養育者的安全、安心存在，維持親密的關係，建立穩定的依附感。

三種依附關係：安全型、迴避型、抵抗型

安斯沃斯為了驗證情感依附關係的型態，進行了稱為「陌生狀況（strange situation）」的實驗。

讓一歲左右的年幼孩子進入一間未曾與母親到訪過的房間。房間內有大量的玩具，孩子受到誘惑後開始玩玩具。接著，根據以下流程進行實驗。

①讓另一位感覺親切的女性進入房間與母親聊天，並且參與孩子正在玩的遊

戲。
②母親把孩子以及這名女性留在房間內，走出房門，幾分鐘後回到房間。
③女性也離開房間。
④母親再次離開房間，僅留下孩子。
⑤過了一陣子，女性回到房間。
⑥過了一陣子，母親回到房間。

實驗中出現一名陌生女性，對孩子而言擔任「具有壓力的存在」。安斯沃斯想要觀察孩子在與母親分離又再次見面的狀況中，是否有將母親當作安全基地，以及安全基地是否確實成為一個庇護所。

- 即使是孩子第一次到訪的場所，只要有母親在就能夠安心地遊戲。母親離開房間，與第一次見面的女性單獨在一起時會顯露出緊張與不安，當母親回來時則又安心繼續玩樂的是「安全型」。

- 在第一次到訪的場所內遊戲，當母親離開房間，與第一次見面的女性單獨留在房間內雖然會感到不安，但是卻完全不會表現在行為上，母親回來時也會裝作不在乎的是「迴避型」。
- 雖然與母親在一起時能夠安心地遊戲，但是當母親離開房間，與第一次見面的女性單獨在一起時會顯得極度地不安。即使母親回到房間，也會持續帶有負面情緒，並且顯露出抗拒他人安慰狀態的是「抵抗型」。

安斯沃斯認為孩子之所以會出現不同的反應，是因為父母在育兒方法上的差異。所以，結論是如果父母經常對孩子表達愛意，妥善發揮「安全基地」的角色時，孩子就會呈現「安全型」。

另一方面，「迴避型」、「抵抗型」則是因為「安全基地」的角色沒有發揮功能，使得親子間的依附關係處於不穩定的狀態。

目前另有人指出這個理論中存在的問題點，那就是親子間的關係與各個孩子與生俱來的個性以及環境等皆有很深的關聯性，僅從育兒方法來看其實並無法單純斷定其因果關係。不過，注意「依附關係」中比較容易出現的型態，的確可以用來當作一個標準。

之後，美國心理學家——瑪麗・緬（Mary Main）等人又發現，依附關係還有第四種「混亂型」的存在。

「混亂型」又譯為「無秩序／無方向型（Disorganized/Disoriented type）」，特徵是當母親離開房間時，孩子會混亂地出現抵抗、迴避等狀態或發呆等行為，就算母親回到房間也會持續處於混亂與不安的狀態。

然而，經歷過不當管教的孩子，有六〇～八〇％是屬於這種「混亂型」的「依附型態」。此外，亦有約十五％未曾受過心理創傷的嬰幼兒會出現同樣的型態，推測可能是父母本身尚有未解決的心理創傷問題。

依附關係的形成過程

一歲過後，孩子雖然已經可以表達自己的意思、自由地活動，但是當孩子察覺到不安時，就會想要靠在依附對象（父母）的身邊。透過皮膚去感受能夠溫暖保護自己的父母是真實存在的，藉此緩解緊張情緒，補充愛的能量。

這個時期是大腦發育最重要的時期，特別是在五歲之前，必須持續讓孩子使用「看」、「聽」、「觸摸」等五感去確認父母的愛。

四目相接、笑容以對、皮膚接觸等皆可傳遞到內心——是的，孩子真的非常喜歡皮膚接觸。人與人之間要怎樣溝通，才會有好心情呢？如同字面上的意義，我們要學習、親身體驗的是一種情感上的往來，即catch ball（傳接球）。這是用來形成健全，穩定「依附關係」的一種過程。

對嬰幼兒期的孩子而言，世界的架構非常簡單明瞭。孩子認為，現在、自己眼前所看到的就是全世界，他們還無法確實理解過去與未來的概念，直到開始發展想像力，才會在心中想像、回想、推測眼前以外的事情。

假設遇到父母親不在身旁的時候，對於已經確實建立良好依附關係的孩子，可以藉由描繪出「自己要保護自己、愛自己」的想法，保有安全感。萬一遭遇危險，也可以藉由過去的經驗化解，相信父母一定會像當時一樣前來幫助——這樣一想，就會有勇氣去面對一切。

除了父母以外，孩子到了這個時期也會開始注意到自己的感受，開始學習其他與自己接觸的人也有同樣的情感。也就是說，以依附關係為基礎，孩子可以漸漸理解：

- 如果對方和父母採用同樣的方式與自己接觸，就可以放心。
- 漸漸理解除了父母以外，還有其他可以幫助自己的人。

然後，孩子就會同樣開始信任父母所信任的人。同時，也會漸漸學會一個人處理事物的能力與技巧、學習與他人互相幫助，在社會上自立。

孩子就是用這種方式，從年幼時期開始拓展世界、持續成長。這是非常了不起，同時也是非常需要力量的事情。然而，支撐那股力量的是由「父母給予的愛、父母給予的重視」所產生的安心感。

感到不安時，父母立刻伸出雙手擁抱孩子所帶來的溫度、溫暖的眼神、笑容、微笑、溫柔的言語。這些可以說都是孩子心靈成長所不可或缺的重要養分。

何謂依附障礙

在與鮑比醫師同樣的時代背景下，美國威斯康辛大學心理學家——哈里·哈洛（Harry Harlow 一九〇五～一九八一）曾以猴子為研究「依附關係」的實驗對象。他在實驗室裡注意到年幼即與母親分離的小猴無法健全地成長。沒有父母這個「安全基地」存在的小猴，就算置放在其他的養育環境，通常也會比較早夭折。

此外，哈洛發現，在養育小猴時利用玩偶等物品代替母親的角色，取代真正的母猴時，雖然會減少小猴死亡的比例，但是小猴的行為卻會出現異常，並且隨著成長而增加攻擊性。

以這些古典研究見解作為基礎，後來陸續有針對親子間「依附關係剝奪或依附關係不足」的研究成果報告出爐。

其中，最具知名度的是加拿大曼尼托巴大學——邁克爾·梅尼（Michael J. Meaney）等人所進行的老鼠實驗。

在成長過程中，曾被母鼠舔毛（理毛）或舔拭（舔拭行為）等呵護下長大的幼鼠在社會面以及情緒面的發展正常。但是，未曾接受過這類照顧的幼鼠，長大後壓力與不安情緒提升的情形非常明顯。也就是說，有無受到愛的養育，會與日後的抗壓性有關。

請各位讀者一起想像一下。當一個天真年幼的孩子需要幫助時，父母卻忽視、置之不理。孩子想要表達愛意，所以靠近、抬頭仰望父母，並且保持微笑，卻得不到相對的回應。當孩子感覺不安，無精打采時，也得不到關心或鼓勵的言語。這樣一來當然無法形成健全的依附關係。

孩子會透過與父母之間一來一往愛的交流與信賴感，學會人際關係，了解社會上的事物，因此當依附關係不完整時，與他人的關係也會跟著改變。實際上，當親子間的依附關係薄弱，孩子與生俱來的依附行為也會隨之消失。

例如，父母要外出時，孩子變得不會在後方追隨、哭泣，父母回家時，孩子不但不感到開心了，甚至根本無動於衷。

孩子會認為這就是人與人之間基本的相處方式，根深蒂固地覺得這樣就是正常的，即使長大、出了社會，也無法與他人締結良好的人際關係。

這種因依附關係不足，而導致各種症狀的結果，統稱為「依附障礙」，過去一直被分類為是心理問題。然而，如同我們在第二章中提到的，這個部分也會對大腦發育帶來相當大的影響。

特別是在幼兒期遭受過度不當管教而形成的依附障礙，最容易發生情緒控制方面的問題，進而可能變化成為憂鬱症或注意力不足過動症、解離性障礙等嚴重的心理疾病。

「反應性依附障礙」與「失抑制社會交往症」

在精神醫學領域，「依附障礙」算是比較的新穎的概念，因此目前的診斷標準尚未一致。美國精神醫學會係以提出精神疾病診斷相關專用標準指南為目的，定期發行《精神疾病診斷與統計手冊》，在二〇一三年所出版的第五版中，將疾病分類以及診斷標準做了大幅度的修訂。

修訂版將「依附障礙」分類為先前我們曾提過的「反應性依附障礙（reactive attachment disorder of infancy or early childhood）」以及「失抑制社會交往症

（disinhibited social engagement disorder）」。

「反應性依附障礙」最大的特徵是無法在面對他人時做出適當的反應，因此會被視為性情乖僻。對於照顧自己的人，抱有強烈的警戒心，即使想要撒嬌也無法坦率地表現出來。甚至，他們有時還會對溫柔對待自己的人發怒、氣憤到哭泣等，出現矛盾的態度。一般認為是這些人在年幼時，與父母之間沒有好好地傳遞情感，所以無法全盤地信任他人。對他人信賴、對人撒嬌的經驗不足，所以對於投注於自己的感情或善意只能用憤怒或不在乎的方式回應。

相反的，「失抑制社會交往症」則是雖然可以與他人產生依附關係，但是明顯缺乏對特定對象展現正確依附關係的能力。

這種孩子不論對任何人都可以建立依附關係、投諸情感，乍看之下雖然是有社交的行為能力，但是傾向於對任何人都沒有戒心，不會仔細評估。

例如，年幼的孩子跌倒時覺得疼痛，所以通常會一邊哭泣一邊努力地往父母身邊奔去。萬一附近有陌生人伸手協助，孩子反而會尖叫大哭。假設對方想要抱起孩子，孩子也會轉身過去、只想要給父母抱。然而，患有失抑制社會交往症的孩子，被陌生人抱起時，不但不會出現抗拒反應，甚至會逐漸適應而不願離開。

這種孩子長大後，對於第一次見面的人即會表現得過分親密，或對身邊的人展現過於熱情的態度，其他人反而會因此感到警戒而刻意疏遠。也有個案是由於當事人沒有自覺，即使被對方的反應所刺傷，由於本身警戒心較低、盲信他人言語，而捲入意想不到的危險當中。

說到與不當管教的關聯性，如果持續遭受任何不當管教直到五歲，有七十六％的人會出現依附障礙。這個理論是由推廣應重視「發展性心理創傷障礙」的波士頓大學教授巴塞爾・范德寇（Bessel van Der Kolk）教授所提出。

目前有許多即使未被診斷為依附障礙，也因不當管教經驗而在依附關係形成方面出現問題的個案，愈來愈多。

依附障礙與發展障礙的差異

在臨床上，自閉症以及智能不足（智能發展障礙）等「發展障礙」，經常會與「依附障礙」混淆。

依附障礙往往併有發展遲緩，特別是在認知以及語言學習方面的遲緩，因此僅從症狀來看並無法與發展障礙做出區別。我自己也有過好幾次經驗，無法從前來看診的孩子症狀去診斷是否為發展障礙。

例如，反應性依附障礙，孩子會縮在自己的殼裡，不會與他人四目相接等，看起來類似自閉症的症狀。失抑制社會交往症則是無法靜下心來、無法專注在事物上，而出現學習障礙的症狀，因此有時候實在難以與ＡＤＨＤ（注意力缺失症、注意力不足過動症）等發展障礙症做出區別。

若將依附障礙判斷為發展障礙症（或相反），並且以診斷結果進行治療，當然無法看到症狀獲得改善。因為即使症狀類似，治療方法卻不盡相同。

若孩子患有ＡＤＨＤ，父母必須更加了解其症狀，並且為了發展孩子的能力，必須接受稱為「父母管理訓練（parent training）」的心理教育，學習因應ＡＤＨＤ的方法。以這些行為治療方法為基礎，注意孩子「喜好的行動」以及「不喜好的行動」，父母要學習的技巧是減少後者的行動。目標是要藉由這些事物，消除親子之間複雜的糾葛，建立更好的關係。

另一方面，「依附障礙」如果只是被當作ADHD症候群的一種併發症處置，方法並不夠完善。「依附障礙」是一種人際關係所引發的疾病。因此，不僅是父母，還必須與養育協助者、保母、教師等建立全方位的良好關係。這些大人們必須一起與醫療從業人員形成團隊，環繞在患有「依附障礙」的孩子身邊，讓良好的關係能夠在這個大生活圈中產生循環。

如同在第二章中所述，患有「發展障礙」的孩子如果進行投藥等治療，可能可以讓獎賞系統機能正常運作。然而，如果是「依附障礙」的孩子，由於大腦相關區域的運作能力較差，在極端的狀態下，當事人往往難以感受到動力、成就感、喜悅等感情。

此外，患有「發展障礙」的孩子隨著成長，症狀會有緩解的傾向，但是「依附障礙」如果沒有受到適切的照護，症狀無法自行改善，這一點不容忽視。想要改善反應變得遲鈍的大腦功能，必須配合孩子症狀，耐心地進行長期治療。

但不論是「發展障礙」，還是「依附障礙」，在進行行為治療以及養育孩子時，「稱讚」都是非常重要的。而且患有「依附障礙」的孩子，更需要用稱讚的方式來養育。

重新形成依附關係

孩子因遭受不當管教而罹患「依附障礙」時，內心通常都已經受到了傷害。這時，我們必須非常有耐心地照料這些孩子，幫助他們從心理創傷中恢復，並且給予一些得以促使其自立的治療。

在進行這些治療的同時，也要給予孩子可以重新形成依附關係的照護。打造出一個讓孩子願意對特定人士產生信賴、依附的環境。為此，必須善用兒童療養照護機構、兒童自主協助施設，或透過養父母、特別收養機構等制度，幫孩子們準備好得以安全、安心的生活地點。

在對依附障礙進行心理治療時，最重要的是要引導孩子覺得「我身邊的人是可以讓我感到安心的存在」。

在新環境面對新的養育者時，年齡較低的孩子往往會出現「測試」的舉動，像是出現回到嬰兒期的狀態、胡鬧、啃咬新的養父母或養育者等行為。簡直像是完全變了一個人，變得難以分辨是非，對新養育者的態度若即若離。因為覺得沒有安全感，晚上不敢一個人睡覺，而重新出現吸吮手指或夜尿等情形。這是在懷疑「我可以安心信任這個人嗎」的情緒表現。

例如有一位九歲的男孩，如果不讓他坐在養育者腿上用湯匙餵食，他就不吃飯。遇到這種情形，不能勉強糾正孩子，而必須要先接納孩子的狀況，採取溫柔的保護態度。

有些個案是小學高年級以上的孩子會出現身體不適或過敏等病情惡化的情形。此外，如果孩子的衝動控制能力較差、會對身邊人士出現攻擊性態度等偏差行為，通常其自我肯定感也會顯著較差、情緒容易低落，在學校會出現學習障礙，導致成績表現不佳。這些情形可能會造成症狀惡化，必須特別注意。

在反覆進行治療的過程中，父母與孩子會逐漸學會彼此之間原本有的依附關係，讓孩子知道有個充滿著溫柔言語與關懷的環境、實際感受到安心與安全。可以信賴的大人就在身旁，這個事實會讓孩子的心理覺得安穩踏實，得以萌生出「自己是有價值的人」的自覺與自信。在愛的基礎下所滋長的情感，是讓孩子得以在社會生存下去的必要條件。

話說回來，與克服心理創傷的狀況一樣，要重新形成依附關係非常耗時。許多孩子已經習慣了這些不適切的依附關係，因此必須先清除這些不當的型態，再重新把健全的依附關係堆疊上去。甚至曾有專家表示並不是從零重新出發，「是從負分開始」。

此外，有依附障礙的孩子，如先前所述，由於接收到父母稱讚、一起開心完成一些事情方面的經驗較少，因此在自我肯定感方面往往會有較低的傾向。因此，即使受到身邊人們稱讚，用溫柔的言語對待，也難以傳遞到孩子的內心。

相反的，他們對於斥責等負面行為卻相當敏感，即使被注意到的是一些枝微末節的地方，他們也會突然變得「不知所措（freeze）」。

提供治療與照護的醫師以及協助者必須多多觀察孩子的狀態、確實給予支持，重新建立健全的依附關係。實際上，這是一條相當耗時難行的路。往往以為看到了一點恢復的曙光，卻又回到原點，不停地反覆。要把孩子從「歪斜的依附關係」束縛中解放出來，並不是一件容易的事情。

即便如此，治療絕對不會徒勞無功。

雖然必須耗費時間，心理與大腦的確會一點一滴的得到治癒。我只能確定一件事情，就是必須與腦科、精神科醫師長期攜手合作進行治療。只是，同時我心裡面也會這麼想——，如果可以再早個幾年遇到這些孩子，治療起來應會更有效果。

我一直強調，要及早救出這些遭受不當管教的孩子，並且照護其心理的必要性與重要性原因就在此。

養育者也需要幫助

在思考如何協助依附障礙孩子的同時，別忘了這些孩子的父母通常也深受這種障礙之苦。

近來增加不少雖不至於到不當管教，但是因為不知道如何與孩子相處，而極少使用富有情感的言語與孩子對話或皮膚接觸的親子關係。

因此，當下不僅是要針對孩子進行治療，當務之急更是要建立能夠對這些父母進行治療、照護的支援體制。不僅是提供諮詢或心理治療，也可以考慮依症狀進行投藥等治療。

受到這樣的現況影響，近來出現許多以父母或養育者為對象，教導如何與孩子形成適當依附關係的課程。雖然在腦科學方面尚無法舉證，但是，通常也會在「依附關係修復課程」（修復依附關係的治療方法）中對養育者合併進行「父母管理訓練」，讓養育者回顧自己生養育兒經過等心理治療。

除此之外，還有稱為ＣＡＲＥ（Child-Adult Relationship Enhancement）的心理教育介入課程，讓父母有意識地進行過去沒有注意到的日常溝通，與孩子建立更良好的關係。

美國俄亥俄州辛辛那提兒童醫院所開發的課程，則是不論是否已經有心理創傷，所有成人皆可嘗試參加。

他們是透過角色扮演（role play）的方法，讓成人有一些具體的經驗，藉此提升與孩子之間的連結。本人所屬的醫療單位也積極針對這些對育兒抱有不安的親屬、不願上學的孩子等進行ＣＡＲＥ。

日本方面亦有由白梅學園大學——福丸由佳教授主持實踐以及推廣ＣＡＲＥ的工作坊。正常情況下必須由專家指導、實行會比較恰當，但是在此特別介紹其中一部分。

建議父母以及身邊的大人可以對孩子「積極的使用三種溝通技巧」：

①覆述。
②用言語描述行為。
③具體稱讚。

技巧①是當孩子告訴你：「你看，我畫了一顆好紅的蘋果喔！」的時候，可以適當借用孩子剛剛講過的話，覆述一遍：「真的耶，你畫了一顆好紅的蘋果！」讓孩子成為會話的主角，也讓孩子覺得「你們有在聽我講話、有理解我的想法」，孩子就會更願意講話、增加彼此對話的頻率。

技巧②是當孩子做出一些適切的行為，例如將繪本放回架上，就對孩子說：「哇！你有把書收好耶！」藉由語言，傳達出你有興趣與關心的地方。對孩子而言，會成為一個學習良好事物的契機。這樣一來，孩子就會對目前所進行的課題保持注意力，並且得以自行整理對這些行為的想法。

技巧③是當孩子有一些優良行為或態度時，要具體地稱讚：「你把玩具借給朋友玩。好了不起喔！」比起懲罰或威脅，稱讚更具有增進行動力的效果。不僅是孩子，你應也會覺得自己的心情變得輕鬆，雙方能夠建立起更良好的關係。

另一方面，「建議避免的三種溝通方式」如下：

①命令或指示。

②不必要的詢問。

③禁止或否定的表現。

①所謂的命令或指示，是指從孩子身上奪取主導權。例如，面對學校的繪圖日記作業，孩子已經自己決定好要撰寫的題目，正在埋頭苦幹。然而，希望作業內容能夠更充實的大人們卻建議「要不要試著往這方面寫呢」，這樣一來孩子就會覺得「大人既然說話，就表示希望我順從他的期待」。萬一孩子不從，大人就會生氣，孩子也會變得不快樂。

②是例如孩子正在思考事情，當大人突然提出「你在想什麼」等不必要的詢問時，就會中斷孩子的行動、破壞孩子的專注力。或「你要回房間了嗎」這種詢問的方式可能會變成審問孩子，而讓孩子感到思想被否決，必須多加注意。

③是指「不准」、「不要」、「不可以」等否定或禁止的言語，這些言語會在彼此之間產生不愉快的交互影響作用。「立刻停下來，不准哭」、「不要找藉口」、「不可以弄得亂七八糟」⋯大人經常會在焦慮的當下隨口說出這些話，但是用這些否定的語言不但無法改善問題，反而還會增加孩子出現這些負面行為的比例。

在調整孩子的發展環境方面，由於父母為此煩惱不已，因此給他們一些協助也是非常重要的事。為了不讓這些孩子將來同樣也對自己的下一代施以不當管教，建立不正常、不完整的親子依附關係，今後人們應當加強與醫師等專家以及社會福利機構的合作，建立可以協助處理父母心理問題的系統架構。

針對父母的具體協助以及照護方面，還會在終章做更詳細的敘述。

個案研究❶

H小朋友（六歲・女生），母親過世，由於父親無法與女兒正常相處，因而產生依附障礙

無法傾訴的情感

H小朋友在五歲時母親過世，與父親兩人相依為命。父親從很久以前就從事夜班的工作，所以H小朋友晚上都會到外公外婆家過夜。然而，由於外公外婆經常生病，所以難以持續照顧H小朋友。

她在發展上並沒有什麼特殊的問題，在幼稚園時可以專心地進行喜歡的遊戲。相反的，她無法忍耐沒有興趣的東西，會突然情緒失控，也經常對其他孩子動手打人等問題行為。似乎是因為在家中必須經常看父親臉色、壓抑自己，在幼稚園才會出現這些行為。

此外，她對於疼痛非常遲鈍、即使跌倒也不太會哭，偶爾會在不是廁所的地方便溺。她非常堅持己見，如果事情沒有按照自己想法進行，就會出現用手打頭等自殘行為，因此經幼稚園建議前來本院看診。

父親看起來在育兒及工作之間疲於奔命的樣子。進一步諮詢後發現，當他與Ｈ小朋友相處時會感到相當焦慮，會使用否定的語言，並且常常不小心就會對小孩動手動腳。事實上，父親自己小時候也曾被媽媽（Ｈ小朋友的奶奶）進行身體的不當管教。

複雜的家庭環境

Ｈ小朋友狀況不穩定的程度，就連在診間都非常明顯。高興遊戲時，可以確實與工作人員四目相接，但是生氣時以及與人對話覺得害羞時，視線就無法對焦。對於沒有興趣的事物，完全不願意繼續談下去。可以一個人到處晃，毫不在意父親是否在身邊。

父親對於Ｈ小朋友症狀的關心度低，當初對於要選擇進行藥物治療或心理治療皆採取消極的態度。當時，H小朋友剛入小學，被編入普通班。從二年級開始進行藥物治療，雖然依然會與朋友之間發生糾紛，但是症狀變得比較穩定。同時併用遊戲療法（Play Therapy）。

她目前還有愛聊天、大聲說話等症狀，但是在學習方面變得比較有意願，學校方面的生活終於穩定下來了。

然而，在家庭方面，父親再婚、繼母生下一名男孩。繼母說：「不論如何，我都無法喜歡H小朋友」。因此，H小朋友又開始遭受家庭內的不當管教，心靈再次受到傷害。只好再次告誡父母，體罰會對孩子成長發展產生不良的影響，為了症狀已經有所改善的H小朋友，約定好不能夠再對孩子動手。

重新形成依附關係的治療方法

關於H小朋友這個個案，首先必須協助讓她實際感受到「自己的存在是有價值的」。幸運的是，有及早介入並且得到周圍人士的支援而發揮了治療效果，孩子內心長期的積雪沐浴在陽光下後，漸漸得以融化、恢復。看到H小朋友恢復孩子般的笑臉時，讓我覺得身為一名小兒科醫師真是太好了。

不僅是這個個案，重新形成依附關係都必須投入相當大的能量與時間。特別是因心理創傷而引發依附障礙的年紀越小，在成長發展的過程中會越快顯露出問題。然而，只要能夠耐心整頓好日常生活環境、重點放在重新形成依附關係並且實施心理照護（心理治療），孩子就能逐漸恢復、回到健康快樂的狀態。

當然，孩子的成長發育（發展）因人而異，發展的特性、依附障礙的狀況、心理創傷的程度、復原能力等因素錯綜複雜。但是，必須像H小朋友的個案一樣，及早與相關專業機構合作、請求支援，才能開啟改善之道。

I小朋友（九歲・男生），因父母養育困難而患有依附障礙症

內心傷痕的表現

I小朋友與母親以及兩位哥哥，四個人生活在一起。在I小朋友四歲時，父母離異。父親離開這個家。但是，在這之前父親可以說幾乎沒有照料過孩子。母親忙於工作，還有健康方面的問題。

國中二年級的大哥經常出現偷竊等偏差行為，還會粗暴破壞家中物品。

I小朋友八歲時，父親開始與他們聯絡，據說後來有見過幾次面。

他在學校時，無法專注於一些需要努力用功的學科，經常會跑出教室。還有一些非常明顯的偏差行為，例如：拿著美工刀朝向同學發出奇怪的聲音，也會模仿哥哥的口吻說一些暴力的言語。

或許他的行為是為了引起朋友或老師的注意。如果事情不如己意，他就會鬧彆扭、發怒，整個人呈現出一種很焦慮的狀態。

學校和兒童諮詢所連絡後，想要知道孩子是否為依附障礙而前來就診。

母子一起進行治療

I小朋友在診間顯得非常沉穩，與母親之間的關係也不差。由於在家中狀況很穩定，只是母親無法接受他在學校言行不良的指控，據說原本母親並不同意就診。母親聽聞孩子在學校的狀況後，對於兒童諮詢所等各個機構介入，也露出疑惑的表情。

雖然已經開始進行藥物治療，但是卻沒有看到明顯的改善。

然而，進行MRI檢查時，必須暫停內服藥物，外觀就有很明顯的差異，因此我們判斷藥物還是有效果的。停藥時，兄弟吵架情形非常明顯、症狀也變得非常嚴重。

我們同時也併行心理諮商。剛開始時，I小朋友的自我肯定感非常低，會不停重複說「媽媽會生氣都是因為我不乖」，對自己的行為沒有自信、警戒心很重、經常露出戰戰兢兢的態度。然而，透過與諮商師長時間對話後，發現他已經慢慢地穩定，變得有自信。

母親在接受「父母管理訓練」後，每當I小朋友有一些好的行為表現時，就會開始積極地稱讚他。這是一個相當大的改變。此外，每次看診時，一定會有駐校社工（school social worker）陪同，所以看到I小朋友有所努力時，也會和學校方面提出表揚的建議。

相關人員之間會共同分享學校或家庭的狀況，對於治療有相當大的幫助。母親對於醫師及學校能夠攜手共同保護自己兒子一事，感到很安心。

報告顯示I小朋友近來幾乎不會有跑出教室、發出怪聲等情形，變得開朗，也能夠感受到他變得比較有學習慾望。在學習方面，雖然小學一、二年級時因為無法專心念書，基礎沒有打好而相當辛苦，但是他卻會說：「因為太晚才開始讀書，所以現在不想請假不上學」。

家中兄弟吵架的情形減少，據說現在已經變得會互相幫助了。

稱讚式育兒的力量

當初前來看診、自我肯定感非常低的I小朋友，在受到母親等身邊人們稱讚後，看得出來有大幅的改善。醫師也對這個個案感到非常有成就感。

隸屬於日本國立自然科學研究機構（NINS）的生理學研究所——定藤規弘教授研究室發現：「『稱讚』這件事情，和食物或金錢一樣，會在腦中被當作『報酬（獎賞）』處理」。

目前已知被他人稱讚時，與獲得金錢等報酬一樣，大腦紋狀體會產生所反應（圖2-15），可見經由腦科學已經可以再次確認「稱讚式育兒」的重要性。

目前這種孩子對於自我肯定感較低的個案問題相當嚴重。重點是父母與老師不能單純否定孩子有問題的行為，就算只看到一些好的行為表現，也要好好地稱讚孩子。

即使沒有給予像是零食、零用錢、遊戲機等實質的獎賞也沒關係。採用稱讚的方式作為獎賞，對孩子的大腦更具影響力。

個案研究❸

J小朋友（十二歲・男生），因受到父親激烈的體罰而患有依附障礙症

在學校發現體罰的痕跡

J小朋友從年幼時期就一直遭受到嚴厲的體罰。父親暴力相向，卻聲稱那是一種「管教」。目前已確認在腰間、大腿、腳踝、手腕、臉頰等都有多個傷痕。

他上小學後，仍持續受到這種體罰。弟弟（K小朋友）也在上學時被發現右邊手肘內側等處有不明原因的傷痕。此外，還有母親不提供食物等狀況。

根據J小朋友的描述，除了自己曾經遭受被父母強行用皮帶鞭打等暴力行為，父母也會打弟弟（K小朋友）。

他在學校被朋友揶揄、開玩笑，每次看到對方都會去毆打對方，把對方書包裡的東西全倒出來，還會把前來阻止的朋友推開。當他生氣抓狂時，就會用與父母體罰相同的方式對待朋友。

經由學校建議，J小朋友與父母一起前來看診。

因父母改變，使症狀獲得改善

當初，父母主張「都是為了孩子好，才進行體罰。只是管教的一環」。父親本身也是在嚴厲體罰下成長、自立的過來人，所以對於體罰是教育一事深信不疑。

為此，必須先對父母進行意識改革。不厭其煩地向他們說明「過度的體罰絕對不是好的管教方法」，建議採用體罰以外的方法，例如：給予獎賞（對於優良行為所給予的獎賞，即稱讚），引導孩子向善的動機。當J小朋友有優良表現時給予好寶寶印章或貼紙等獎勵，盡量給予正面的評價。

同時，學習如何因應這些會造成焦慮的壓力，以及如何不透過體罰方式，適當表達出自己的意見。

然後，確實告訴孩子「不論發生任何事情，你們是我最珍惜、最重視的存在」，並且在平時仔細觀察孩子的樣子，如果孩子表現出失落的樣子，就用若無其事的聲音問孩子：「你好像有點難過的樣子，發生什麼事了嗎？」鼓勵他們說出來。隨著父母的言行變化，J小朋友也出現了一些改變。

另一方面，我們也開始對J小朋友投以藥物治療以及使用沙盤進行遊戲療法。由於J小朋友的內心還殘留著「會遭受體罰，都是因為我不乖」的感覺，所以必須一直重複地告訴他，事情並非如此，促使他對這件事情改觀，讓他慢慢地減少偏差行為。

修復親子關係的方法

像J小朋友這種情形，必須特別注意的是當狀態穩定下來，孩子就會有空檔可以重新審視自己過去的經驗。

重新回想當初受傷害的記憶時，J小朋友可能會再度陷入不穩定的狀態，這種時候必須進行適當的照護。

此外，這個個案的重點是針對「完全對體罰正當性深信不疑」的父母進行心理教育。必須有耐心地重複說明，讓父母理解何謂健全的親子關係，重新建立依附關係。

父母要用語言傳遞情感，即便是非常微不足道的事情也要稱讚孩子。建議可以利用這兩個重點，善加修復親子關係。只要父母察覺到孩子有些微的變化，孩子就會感到很開心。這個部分也可以幫助孩子維持自我肯定感。

當父母偶爾遇到不得不責罵孩子的時候，除了千萬不可因為情緒失控而動手打小孩等狀況，請各位讀者記得一個原則是「罵人要控制在六〇秒以內」。

終章 擺脫不當管教

切斷惡性循環的鎖鏈

各位讀者當中是否有人聽過「虐待是一種連鎖反應」這樣的理論呢？

一九九三年，英國精神科醫師傑克・奧利佛（Jack Oliver）根據英國與美國超過六〇個研究，所綜合編述的龐大研究報告書，檢視當時世人的見解、不同世代間的兒童虐待情形，針對不當管教所會影響會到下幾代，如何傳播到其他世代等家庭內的因素進行研究——也就是說，他想要預測連續幾世代之間的虐待發生率。

結果發現，童年時代曾遭受不當管教的被害者，成大長人並且為人父母後，也會對自己孩子進行不當管教的「執行機率」為三分之一。「不會執行的機率」也是三分之一，剩下的三分之一則是「有可能傾向任何一方」。

從這個預測結果來看，孩子原本應要從父母等對象身上獲得愛，卻體驗到不當管教所帶來的痛苦，其中有三分之一將來可能也會成為加害者。

另一方面，「可能不會執行的人」再加上「有可能傾向任何一方」的比例，也就是說有三分之二的人可望切斷這惡性循環的鎖鏈。

無法切斷惡性循環鎖鏈的原因之一，推測是第二章中所描述過因不當管教所造成的弊端。現代社會中為了獲得良好的人際關係，往往會使大腦必要功能受到損傷，造成日常生活困難、產生壓力，進而出現憂鬱症或人格障礙等心理疾病。

當這些障礙或疾病出現在父母身上，就會對自己的孩子出現不當管教的行為，也是不容忽視的事實。

此外，在希望有人可以從旁溫柔保護自己的童年時代，卻被忽視、受到言語暴力、肢體暴力的人們，根本無從得知何謂標準的家庭形態。人類是一種必須透過生活上的模仿才能學會事物的生物，如果自己無法獲得愛，當然也就不知道如何給予他人愛。

他們在成為加害者之前，也曾是被害者。

從這樣的面向來看，研究必須提出不僅要照護與協助這些遭受不當管教的孩子，也要對其父母給予照護與協助。

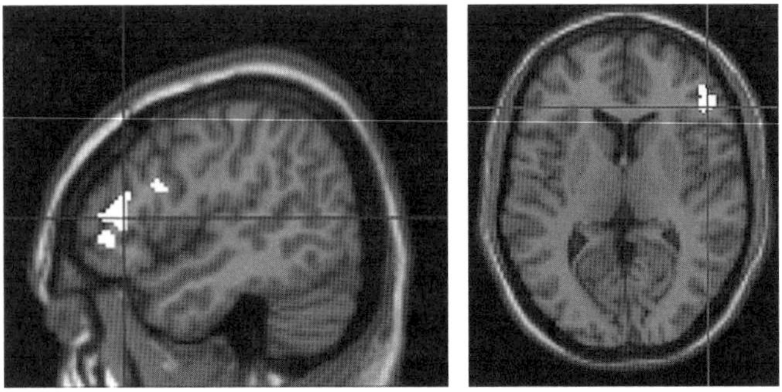

終章圖-1　當母親憂鬱的情緒高漲時，她們用來讀取他人心情的前額葉皮質活動力有些部分會下降

預防不當管教

我們的研究認為，僅針對孩子的大腦進行診斷並不完整，也必須致力對父母的大腦進行研究。

其中一項是養育者的風險管理研究。將其命名為「預防、協助養育困難之壓力狀態評估系統」，目標希望日後可以實際施行。

養兒育女的人，多少都會有些壓力存在。我們明確知道會在比例上有一些差異。根據最新的研究，使用ｆＭＲＩ方式調查育兒壓力對大腦造成的影響。結果發現，當母親憂鬱的情緒高漲時，與「同理心」相關的前額葉皮質活動力會下降（終章圖-1）。

當正值育兒期的人出現同理心下降時，會

發生什麼事情呢？他們會看到嬰兒不覺得可愛，難以推測自己年幼的孩子到底想要什麼，也無法理解孩子為什麼哭。

育兒時，同理心的感覺相當重要，但是龐大的育兒壓力卻會使得同理能力下降。

如果可以察覺育兒壓力變嚴重的徵兆，是否就能夠及早進行適當處置、減少會造成不當管教的行為呢？目前我們正在進行相關研究。如果可以防範不當管教於未然，就可以減少受傷害的兒童人數。

培育「育兒腦」的催產素

人類並非天生就具備當父母的資質。大阪醫科大學看護學部的佐佐木綾子教授等人進行了一項相當有趣的實驗。

他們召集沒有育兒經驗的男女，並且藉由問卷以及fMRI調查「是否可以透過與嬰幼兒接觸的經驗，提高「父母力」（準備好成為父母、對育兒的積極態度）」。

結果，實際上不論參加的是男性還是女性，都提高了其對育兒的積極度，也透過ｆＭＲＩ的影像確認在育兒相關的腦內區域產生了一些變化。

也就是說，實際驗證了願意對孩子慈愛，想要認真撫育孩子的情感，並非與生俱來，而是要透過實際與孩子接觸後才會被喚醒、培育出來。

已經被激發成為愛孩子、具有照顧孩子能力的大腦，在此我們稱它為「育兒腦」。現代社會中，除了從事保姆等相關工作外，沒有育兒經驗的成人由於幾乎都沒有接觸孩子的機會，所以無法促使「育兒腦」活躍。

然而，由於「父母力」能夠後天培養，所以孩子出生後只要將孩子抱在胸前，有皮膚接觸即可。不僅只有嬰兒，成人也會因為懷抱這個動作而感到溫暖、充滿安心感。

每個人都可以藉由皮膚接觸活化大腦、分泌「催產素（Oxytocin, OXT）」這種荷爾蒙，使情緒穩定。

催產素，又稱「愛情荷爾蒙」，是由腦下垂體後葉（posterior lobe）所分泌。目前已知是與女性生產、育兒有密切相關的荷爾蒙，分娩時會促進子宮收縮、產後則會使乳腺的肌肉纖維收縮、促使乳汁分泌。

然而，催產素的效果並不限於生產、育兒，不論男女皆可受到此荷爾蒙帶來的恩澤。皮膚接觸就更不用說了，相關報告指出，與熟悉的人愉悅地談話、互相傳遞情感，都可以增加彼此的催產素分泌。

催產素具有抑制杏仁核過度興奮的作用，會抑制反抗的念頭及恐懼感，使人們保持情緒穩定。從這些特徵來看，我們也期待其能夠有效作用於自閉症或PTSD等問題。

歐洲等國家核可「催產素鼻用噴劑」可作為促進泌乳的藥物，日本方面目前尚未確認其安全性及有效性，但是正在朝實用化目標進行臨床實驗。

對育兒有所不安時，更需要皮膚接觸。因為分泌催產素可以抑制不安及恐懼的情緒，請多多擁抱孩子吧！如前所述，男性也會分泌催產素，因此父親也可以藉由積極地與孩子皮膚接觸，培育出一顆「育兒腦」。

當父親或母親輕輕地抱起孩子，一瞬間孩子會因為被父母呵護著、全身感到舒適而安穩，父母也會因為催產素的運作而使情緒穩定。雖然只是細微的小事，卻有非常大的效果。

只要持續維持穩定的情緒，就可以輕易迴避不必要的不當管教狀況。

我們可以為孩子做的事

日本有一個「讓孩子健全發展～零體罰大作戰」的活動。

二〇一七年五月，日本厚生勞動省以推動「零體罰」育兒為目的，製作了各種宣傳，提供如同本書正在傳達的概念——「體罰會對大腦發展產生負面影響」等相關資訊。

雖然，打罵孩子的行為是以愛為名，但是卻有會在不知不覺之間升為虐待等級的危險性，希望各位讀者能在育兒時顧慮到孩子的情感。

宣傳單上印有以下五大重點。

①育兒時不可使用體罰或語言暴力。

②孩子對父母感到恐懼時，無法發出求救訊號。

③將即將爆發的焦慮情緒暫緩爆發。
④父母本身可以發出求救訊號。
⑤將孩子的感情與行為拆開來思考，並且協助其成長。

第①項的重要性，就如同本書中不斷重複、想要傳達的概念。

從小就受到以「管教」為名、不當管教的孩子，為了在殘酷的環境下生存，就算父母的言行多麼不合理，也必須配合父母的心情、肯定並且接受他們的想法與價值觀。極端的情形甚至有被揍了還覺得感謝的偏差情感。這種心理反應，稱為「斯德哥爾摩症候群（Stockholm syndrome）」。一九七三年，在瑞典斯德哥爾摩發生了劫持銀行事件，人質因為與犯人長時間相處而對犯人懷有同理心與善意的現象，故命名之。

被置放在不當管教狀態下的孩子，和當時的人質處於相同的情況，都是為了生存而採取的行動。就如同第②項，必須注意別讓孩子對父母懷有恐懼的心理。

第③項，建議父母事先了解自己，當產生焦慮感時，自己專屬的迴避方法。

或許不是很容易找到，但是可以嘗試幾種改變想法的方法，從中尋找比較有效果的。

第④項，不僅是為了孩子，是希望父母本身務必要為了自己而實踐的重點。不要一個人陷入死胡同，可以仰賴衛生所、兒童諮詢所、醫院等各個專家的協助。

第⑤項是告訴父母要從「發展」的觀點去看待孩子成長所需的必要事物。孩子的大腦並未具備一蹴可及的社會性。之所以會有任性，或強壓自己意見給別人等行為，都是因為大腦尚未成熟、正在發展的關係。

孩子並不是成人的縮小版。

如果無法理解這個部分，只是單純想要孩子聽話，往往會不斷給予孩子更強烈的指示。

例如，兩三歲孩子會進入讓父母煩惱不已的「不要不要期」，這是因為前額葉皮質尚未發展完全。正在準備成長、尚未成熟的大腦，還難以抑制需求與欲望。所以即使斥責他們這些行動是「任性」，也毫無意義。這時我們所能採取的僅是「保護」的態度。

那麼，如何抑制或緩和憤怒的情緒呢？

使用「憤怒管理（Anger management）」相當有效。憤怒是一種自然的情緒，不需要去否定這件事情。然而，為了適當處理憤怒的情緒，我們必須先了解憤怒的種類、探索憤怒的原因，並且適當將情緒傳遞給對方，學會如何與這些會造成焦慮、憤怒原因的壓力相處。

這種憤怒管理不僅可應用在親子關係或夫妻關係，對於職場或朋友關係也會很有幫助。近來市面上也有許多相關的書籍或演講等活動。

此外，為了避免在傳達一些事物給孩子時，使用粗暴的語言或暴力行為，還可以多多參加提升溝通技巧的訓練課程，這些都是我們成人可以做的努力。

養育者可尋求的協助

人，在自己的孩子出生後，初為「父母」。如同先前所述，除了保母或幼兒教育相關人士，一般人幾乎都是在沒有與孩子接觸機會的狀態下，某一天突然為人父母的。孩子，簡直就是一種未知的生物，對育兒一事帶有諸多疑惑與煩惱，也是理所當然的。

然而，日本社會是一個能夠善待育兒人士的社會嗎？讓我們一起來參考看看日本長久以來都是「少子化社會」，但是現在的日本卻並沒有幫這些少數的孩子準備好完善的養育環境。和父母那個年代、祖父母那個年代的孩子比較起來，現代母親需要外出工作的家庭增加了。近年來像是單親媽媽、單親爸爸等家庭的形式越來越多元。然而，對於育兒這件事，在舊有思維下的理想狀態仍是母親應一直在身旁保護，這樣的想法根深蒂固。

即使與鄰居有所往來，但是已經沒有像舊時代的關係這樣良好，難以找到可以輕鬆討論育兒煩惱、能仰賴對方協助的前輩。

我們無法單純地判定當每個家庭的孩子數量變少，育兒就會變得輕鬆，現代社會的風氣是「育兒是自己的責任」，因此育兒一事變得更加困難，目前覺得「難以養育」孩子，感到孤獨的父母增加了。

如果只是一直施加負擔給父母，每天不斷累積的壓力就會持續高漲，而開始對孩子採取強烈的措辭，或毫不遲疑就動手打孩子。那絕對不是我們所期望的狀態。

然而，只是一味指責這樣的父母，也絕對無法保護孩子。

我認為給予正在努力育兒的人們支持、由許多相關人士共同保護孩子成長，抑制日本在經濟上、社會上的損失，就可以打造出一個對任何人而言都更易於生活的環境。然而，日本方面對於養育者的支援協助仍非常落後。

想辦法改善這樣的狀況，也是一種可以幫助減少來自家庭面不當管教的方法。本人的團隊也參與了日本國立研究開發法人科學技術振興機構・社會技術研究開發中心所推動的「建構協助養育者之系統，以降低虐童件數」活動。

指導這些正在進行（或疑似在進行）不當管教的父母，並不是要處罰父母，而是嘗試從不同的觀點去協助、支援這些養育者。不僅是小兒科、腦科學等醫學領域的專家，還召集了社會學、心理學、教育學、法律等各個領域的專家，透過學校或相關機構等會與孩子直接接觸的人，以及地方人士等的協助，希望可以集結眾人智慧，在這方面共同做一些努力。

整體社會應共同保護孩子的心理發展

要脫離不當管教，並不是一件容易的事情。然而，如同我們在序章中所述，孩子成長過程中不需要「會讓大腦變形的傷害」。

孩子需要的是得以安心成長的場所。能夠給予孩子這些資源的就只有我們這些大人。

大人與孩子——累積出一個個微小的情感連結後，就能夠成為一個社會。為了多消除一個因為無法建立依附關係而陷入不幸的狀況，整體社會都必須一起來幫忙解決親子間的問題。

身為一名醫師、科學家、甚至是一名母親，為了讓孩子能夠具有更好的環境，現在的我每天都在摸索我還能夠做些什麼。

這場挑戰還沒有結束。

後記

二〇〇八年五月，芮氏規模八級的大地震襲擊中國四川省。因為這場地震，死亡人數逼近七萬人、受傷者超過三十七萬人，日本方面也連日報導這場災難。

當時新華社通訊所報導的一則新聞，我到現在都忘不了。

發生主震的隔天，搜救隊在傾倒的建築物下，發現一位已經氣絕身亡、雙膝伏地的年輕女性。在女性的身軀下，有個剛出生沒多久的男嬰奇蹟似地活了下來。

後來發現那位母親用手機留下了一則訊息：「如果你能活著，一定要記住我愛你！」

我想用這段文字記錄這位母親在沉重的瓦礫堆下用生命保護嬰兒的事蹟。

這名幼兒與母親在一起的時間非常短暫，但是母親卻深愛著他。在那個瞬間，兩個人之間應存在著非常強烈的依附關係。

不知道現在那位孩子怎麼樣了。每當我想到「依附關係」相關議題時，總是會想起那對母子。

最後希望各位讀者能夠讓我藉此機會表達一下對重要同伴與學弟妹們的謝意。

深深感謝一直給予我諸多指導的恩師三池輝久老師、以及馬汀・泰闕博士。感謝藤澤隆史老師、島田浩二老師、滝口慎一郎老師、水野賀史老師、高田紗英子老師、矢澤亜季老師、榊原信子老師、牧田快老師、西川里織老師、本人所主持的孩子心靈治療科研究室夥伴們，以及多位研究生。

還有諸多未羅列大名的各方人士，本人絕對不會忘記各位一直以來如何支持著本人的研究。讓我們繼續一起努力向前走。

在此還要感謝本書發行前，因對「虐待兒童」這沉重的題目有興趣，希望務必要讓更多讀者看到這些內容而提案出版的ＮＨＫ出版社祝尚子小姐，以及在編輯上給予諸多協助的彌永由美小姐。

最後，我還想對讓我享受育兒樂趣與喜悅，讓我這名不成熟的母親得以更加成長的兩位女兒說聲：「謝謝」。希望妳們在為人母之前，也可以仔細熟讀這本書！

友田明美

二〇一七年七月

參考文獻

Ainsworth M. D. • Bell S. M. "Attachment, exploration, and separation: illustrated by the behavior of one-year-olds in a strange situation", Child Dev, vol41, pp.49-67, 1970

American Psychiatric Association, "Diagnostic and Statistical Manual of Mental Disorders, 5th edition", American Psychiatric Press, 2013

Andersen S. L.et al., "Preliminary evidence for sensitive periods in the effect of childhood sexual abuse on regional brain development", J Neuropsychiatry Clin Neurosci,vol20, pp.292-301, 2008

Borland B. L. • Heckman H. K. "Hyperactive boys and their brothers. A 25-year follow-up study", Arch Gen Psychiatry , vol33, pp.669-675, 1976

Bowlby J. "A Secure Base: Parent-Child Attachment and Healthy Human Development", Basic Books,pp.1-224, 1988

Bremner J. D. et al. "Structural and functional plasticity of the human brain in posttraumatic stress disorder", Prog Brain Res , vol167, pp.171-186, 2008

Bynner J. M. • O'Malley P. M. • Bachman J. G. "Self-esteem and delinquency revisited", J Youth Adolesc , vol.10, pp. 407-441, 1981

Choi J. et al. "Reduced fractional anisotropy in the visual limbic pathway of young adults witnessing domestic violence in childhood", Neuroimage , vol.59, pp.1071-1079, 2012

Choi J. et al. "Preliminary evidence for white matter tract abnormalities in young adults exposed to parental verbal abuse", Biol Psychiatry , vol.65, pp.227-234, 2009

De Lange F. P. et al. "Increase in prefrontal cortical volume following cognitive behavioural therapy in patients with chronic fatigue syndrome", Brain , vol.131, pp.2172-2180, 2008

Deblinger E. et al. "Trauma-focused cognitive behavioral therapy for children: impact of the trauma narrative and treatment length", Depress Anxiety , vol.28, 67-75, 2011

Francis D. D. et al. "Maternal care, gene expression, and development of individual differences in Stress reactivity", Ann N Y Acad Sci, vol.896, pp.66-84, 1999

Garey L. J. "Structural development of the visual system of man", Hum Neurobiol, vol.3, pp.75-88, 1984

Giedd J. N. et al. "Brain development during childhood and adolescence: a longitudinal MRI study", Nat Neurosci, vol.2, pp.861-863, 1999

Gurwitch R. H. et al. "Child-Adult Relationship Enhancement (CARE): An evidence-informed program for children with a history of trauma and other behavioral challenges", Child Abuse Negl , vol.53,pp.138-145, 2016

Harlow H. F. "Love in infant monkeys", Sci Am , vol. 200, pp.68-74, 1959

Izuma K.・Saito D. N.・Sadato N. "Processing of social and monetary rewards in the human striatum", Neuron , vol.58, pp.284-294, 2008

Kempe C. H. et al. “The battered-child syndrome”, JAMA , vol. 181, pp.17-24, 1962

Kita S. et al. “Associations between intimate partner violence (IPV) during pregnancy, mother-to- infant bonding failure, and postnatal depressive symptoms”, Arch Womens Ment Health , vol. 19, pp.623-634, 2016

Main M. “Introduction to the special section on attachment and psychopathology: 2. Overview of the field of attachment”, J Consult Clin Psychol, vol. 64, pp. 237-243, 1996

Meaney M. J. et al. “Neonatal handling alters adrenocortical negative feedback sensitivity and hippocampal type II glucocorticoid receptor binding in the rat”, Neuroendocrinology, vol. 50, pp.597-604, 1989

Mizuno K. et al. “Impaired neural reward processing in children and adolescents with reactive attachment disorder: A pilot study”, Asian J Psychiatr, vol. 17, pp.89-93, 2015

Mizuno K. et al. “Osmotic release oral system-methylphenidate improves neural activity during low reward processing in children and adolescents with attention-deficit/hyperactivity disorder”, Neuroimage Clin, vol. 2, pp.366-376, 2013

Oliver J. E. “Intergenerational transmission of child abuse: rates, research, and clinical implications”, Am J Psychiatry , vol. 150, pp.1315-1324, 1993

Shapiro F. “Eye movement desensitization: a new treatment for post-traumatic stress disorder”, J Behav Ther Exp Psychiatry , vol. 20, pp.211-217, 1989

Shapiro F. “The role of eye movement desensitization and reprocessing (EMDR) therapy in medicine :

addressing the psychological and physical symptoms stemming from adverse life experiences", Perm J , vol. 18, pp.71-77, 2014

Sheu Y. S. et al. "Harsh corporal punishment is associated with increased T2 relaxation time in dopamine-rich regions", Neuroimage , vol. 53, pp.412-419, 2010

Shimada K. et al. "Reduced visual cortex grey matter volume in children and adolescents withreactive attachment disorder", Neuroimage Clin , vol. 9, pp.13-19, 2015

Super H. "Working memory in the primary visual cortex", Arch Neurol , vol. 60-6, pp.809-812, 2003

Takiguchi S. et al. "Ventral striatum dysfunction in children and adolescents with reactive attachment disorder: functional MRI study", BJPsych Open , vol. 1, pp.121-128, 2015

Teicher M. H. et al. "Childhood Maltreatment: Altered Network Centrality of Cingulate, Precuneus, Temporal Pole and Insula", Biol Psychiatry, 2013

Teicher M. H. • Samson J. A. "Childhood maltreatment and psychopathology: A case for ecophenotypic Variants as clinically and neurobiologically distinct subtypes", Am J Psychiatry, vol. 170, pp.1114-1133, 2013

Teicher M. H. et al. "Hurtful words: association of exposure to peer verbal abuse with elevated psychiatric symptom scores and corpus callosum abnormalities", Am J Psychiatry , vol. 167, pp.1464-1471, 2010

Teicher M. H. • Tomoda A. • Andersen S. L. "Neurobiological consequences of early stress and childhood maltreatment: are results from human and animal studies comparable?", Ann N Y Acad Sci,

vol. 1071, pp.313-323, 2006
Thomaes K. et al. "Can pharmacological and psychological treatment change brain structure and function in PTSD? A systematic review", J Psychiatr Res , vol. 50, pp.1-15, 2014
Tomoda A. et al. "Pseudohypacusis in childhood and adolescence is associated with increased gray matter volume in the medial frontal gyrus and superior temporal gyrus", Cortex , vol. 48, pp.492-503, 2012
Tomoda A. et al. "Chidhood sexual abuse is associated with reduced gray matter volume in visual cortex of young women", Biol Psychiatry , vol. 66, pp.642-648, 2009
Tomoda A. et al. "Reduced visual cortex gray matter volume and thickness in young adults who witnessed domestic violence during childhood", PLoS One, vol. 7, e52528, 2012
Tomoda A. et al. "Exposure to parental verbal abuse is associated with increased gray matter volume in superior temporal gyrus", Neuroimage, vol. 54, S280-286, 2011
Tomoda A. et al. "Reduced prefrontal cortical gray matter volume in young adults exposed to harsh corporal punishment", Neuroimage, vol. 47 T66-71, 2009
Van der Kolk B. A. "The neurobiology of childhood trauma and abuse", Child Adolesc Psychiatr Clin N Am , vol. 12, pp.293-317, 2003
Wada I.・Igarashi A. "The social costs of child abuse in Japan", Children and Youth Services Review, vol. 46, pp.72-77, 2014
佐々木綾子、小坂浩隆、中井昭夫ほか「青年期男女における親性發展と神経基盤の関係」、日

本赤ちゃん学会事務局（編）『ベビーサイエンス』・第一〇巻　四六—六五頁、二〇一〇年
西澤哲　『こども虐待』、講談社現代新書、二〇一〇年
友田明美「脳の發展と發展心理」、五十嵐　隆（編）『小児科学』、文光堂、三一—四二頁、二〇一一年
友田明美『新版　いやされない傷——児童虐待と傷ついてい脳』、診断と治療社、二〇一二年

國家圖書館出版品預行編目資料

你受的傷,大腦都知道：哈佛研究虐待、忽略與情緒勒索對腦部發展的影響 / 友田明美著；張萍譯. -- 初版. -- 新北市：世茂, 2018.06
面；　公分. -- (銷售顧問金典；96)
譯自：子どもの脳を傷つける親たち
ISBN 978-957-8799-23-3(平裝)

1.兒童虐待 2.心理創傷 3.兒童精神醫學

173.12　　107005835

銷售顧問金典 96

你受的傷，大腦都知道：
哈佛研究虐待、忽略與情緒勒索對腦部發展的影響

作　　者 / 友田明美
譯　　者 / 張萍
主　　編 / 陳文君
責任編輯 / 曾沛琳
封面設計 / 林芷伊
出 版 者 / 世茂出版有限公司
地　　址 / (231)新北市新店區民生路19號5樓
電　　話 / (02)2218-3277
傳　　真 / (02)2218-3239（訂書專線）、(02)2218-7539
劃撥帳號 / 19911841
戶　　名 / 世茂出版有限公司
世茂官網 / www.coolbooks.com.tw
排版製版 / 辰皓國際出版製作有限公司
印　　刷 / 世和彩色印刷股份有限公司
初版一刷 / 2018年6月

I S B N / 978-957-8799-23-3
定　　價 / 280元

Original Japanese title: KODOMO NO NOU O KIZUTSUKERU OYATACHI

Original Japanese edition published by NHK Publishing, Inc.
Traditional Chinese translationrightsarranged withNHK Publishing, Inc.
through The English Agency (Japan) Ltd. and AMANN CO., LTD., Taipei

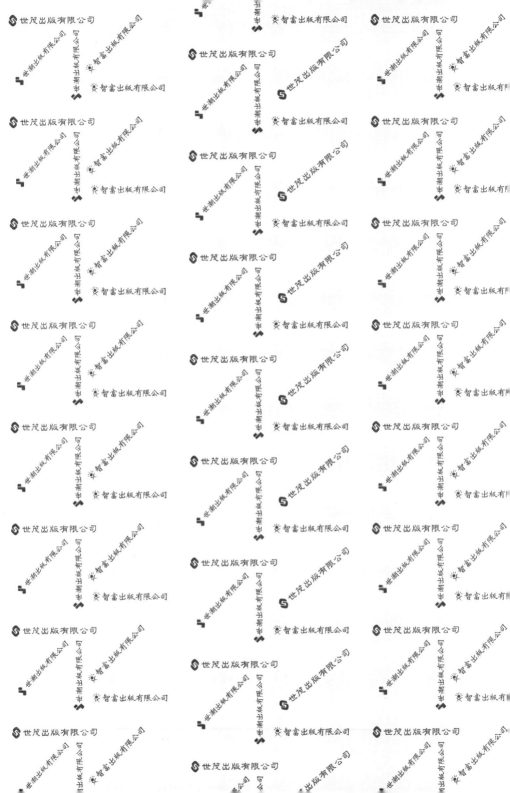